成功するチームは「遊び」でつくる

新感覚チームビルディング

梅村　武史

産業能率大学出版部

はじめに

本書を手に取ってくださり、ありがとうございます。

この本のタイトルは『成功するチームは「遊び」でつくる』です。
言い換えると、「遊びこそ、チームを成功させる秘訣である」——このように聞いて、あなたはどう感じますか？

「その通りだ」と思う方、あなたは時代の最先端をいく人です。

逆に「チームをつくるのに、遊んでいる場合じゃないだろう」と思う方。
おっしゃる通り。大切な目標に向かって突き進んでいる時、関係ないことをやっている時間はないと思いますよね。すごくわかります。
常識的に考えるならば、それが当然だと思います。

そんなあなたへ。だからこそ、この本を読み進めてみてください。

私たちは、まじめに、真剣に考えるほど、神経の緊張を生み、それが視野を狭め、チャンスを見失い、人とつながれなくなる原因になる場合があります。
遊びはそんな状態から心身を解放し、チームをゾーン、いわゆる成功する状態へと持っていくことができるのです。

その秘訣を、本書にちりばめました。
あなたは、新しい切り口を知るはずです。

はじめまして！　梅村と申します。親しい人からは「梅ちゃん」と呼ばれています。
あなたと交流できることに、心からワクワクしております。
まるで遊ぶように楽しみながら本書をお読みいただけたら幸いです。

まず、本編を読まれる前に、あなたがこれからチームをつくり始めることを想像してみてください。
そのチームは職場の仲間かもしれないし、ビジネスパートナーかもしれません。また は、地域の仲間かもしれないし、もしくは家族かもしれません。

そのチームの種は自然に育っていきます。

長く、寒かった冬も、春になると花を咲かせ、新緑が現れ、夏は夢を描き、すくすくとチームは伸びていきます。もちろん雨が降ったり、嵐に見舞われたりすることもあるでしょう。そうやって、チームは強く、たくましく育っていくのです。

そして、数々の試練に耐え、実りの秋を迎えた時、夢を叶《かな》えるチームが誕生します。あなたは仲間とよろこびを分かち合うことができます。それは、1人では手に入らない至福の瞬間です。

そのプロセスには、どんなことがあると思いますか？

ひそかな希望。
つながり。交流。
夢描き。
仲間の存在。
心からの決意。
すれ違いから起こる葛藤。
不安の解消。
器の拡大。

私は、「チームをつくる」ということは、人生最大のよろこびであり、学びだと考えています。

15兆円の資産を築いた世界的な大富豪アンドリュー・カーネギーのお墓に書かれてある言葉をご存じですか？

「自分よりも優れた人を集める方法を心得る者ここに眠る」

カーネギーは鉄鋼業で成功しましたが、鉄鋼には無知であり、素人だったといわれています。それなのに、なぜ成功したのでしょうか？
それは、優秀な人たちを見抜き、集め、組織化したからです。成功するチームをつくり上げたからです。

そう、夢を叶える人たちは、仲間の力、つまりチームの力を使っています。

そしてこの本は、あなたが成功するチームをつくるために、「遊び」と「ゲーム」という新しい時代に効果を発揮する魔法を活用していただくために書きました。

こんなふうに書くと、「本当に遊びが成功するチームをつくるの？」と違和感を抱いたり、常識外れだと感じたりする方もいるかもしれません。
確かに、私たちは子どもの頃から、大人たちに「遊ばないで勉強しなさい」、「遊んでないで仕事しなさい」と言われ続けてきました。

でも、それはきっと、まだ遊びの本質に出会えていないから。言い換えると、遊びの真実のパワーを知らないからです。

遊んでいる時と絶体絶命のピンチに人は成長する。

これは、私が伝えてきたことです。

遊びは、無邪気でピュアな気持ちを呼び起こします。そして、あっという間に仲間たちをリラックスさせ、元気にすることができます。その体験をもとに対話することにより、気づきや相互理解を深め、心を1つにすることができるのです。

私は、これを「ゲームダイアログ」と呼んでいます。

「ゲームダイアログ」とは、安心して遊びやゲームを楽しみ、対話するプロセスを通して、気づきや行動を引き起こすメソッドのことです。

では、具体的にどのように遊びやゲームをチームづくりに生かしていけばよいのでしょうか？

本書では、そのベースとなる考え方、具体的な方法についてお伝えしていきます。

遊びやゲームが苦手な方もご安心ください。

私自身、小学校以来、ゲームはしない部類に属していて、どちらかというと、苦手意識を抱えていたほうです。でも、ある出会いから、勝ち負けではない、人とつながれる遊びを知り、遊びの概念が変わりました。

「遊び」は決められたやり方で遊ぶだけではなく、自由につくり出せるものであり、もっと言ってしまえば、純粋な気持ちで遊んでいる時、その状態こそが「あなたそのもの」なのです。

このメソッドを理解し、1カ月、半年、1年、3年……と続けると、どうなっていくと想像できますか？

あなたは、チームの進化を目撃するでしょう。
そのチームは、とても自然にブレークスルー、いわゆる突破体験をします。
そして、夢を叶えるチームが誕生し、それは再現可能であることを知るでしょう。

この「ゲームダイアログ」を、誰もが活用できる新しい時代のチームビルディング、コミュニケーションメソッドとして世界中の人に活用していただき、楽しく、豊かで創造的な社会づくりに貢献できれば、これに優るよろこびはありません。

2023年　9月吉日

梅村武史

目次

第2章　何がチームを崩壊させたのか——45

第5章　「遊び」がチームを変える――135

プロローグ

1 あなたのチームは「健康」ですか？

すでにチームを持っている方。もしくは、これからチームをつくる方へ。

本書のテーマは「成功するチームは遊びでつくる」です。チームは〝遊び〟で育てることができるのです。

それについてお伝えする前に、まずは、あなたのチーム（組織）の現在の「健康状態」を知る必要があります。これからチームをつくる方は、過去に所属していたチームを思い出してもよいかもしれません。

「チームの健康状態？」と不思議に思われるかもしれません。詳しくは追ってお伝えしますが、永続するチーム、困難を乗り越えるチームというものは、本来、生き物のように進化・成長する、いわば生命体のようなものです。

生命体として輝き続けるからには、健康である必要がありますよね。

ということで、健康診断を行ってみましょう。

あなたのチームは本来持っているパフォーマンスが発揮できる状態にあるでしょうか？

これからの変化の時代を乗り越えていけるチームになれるでしょうか？

今回の診断は、課題を明確にするために、チームの影の側面を見ていきます。

「チームの健康診断」（4ページ）の各質問を読み、あなたのチームに当てはまるものについて、□にチェックを入れてください。

すべての質問に答え終わったら、チェックした項目を数え、5～6ページの該当する診断結果を見てみましょう。

【チームの健康診断】

- □ 会話が少なく、お互いのことを知らない。
- □ メンバー同士ですれ違いが多く、話が伝わらないことがしばしばある。
- □ チームの外側とのつながりが弱く、部署を超えて助け合うことがない。
- □ メンバーは仕事へのやりがいや誇りを持てず、どこかやらされ感がある。
- □ 理念・目的が納得感のある形で共有されていない。
- □ メンバーが成長を実感していない。
- □ ミーティングが多い割に結果が出せない。
- □ メンバーは自分の役割しか果たそうとせず（与えられた仕事しかやらない）、困っている人・状況を見ても助けようとしない。
- □ トラブルに遭遇したり、物事が暗礁に乗り上げてしまったりすると、思考停止してしまうメンバーが多い。
- □ チームとしての一体感が薄い。

◆チェックの数がゼロの場合

あなたのチームは健康そのもの。メンバーは仕事にやりがいや誇りを持ち、高いパフォーマンスを発揮できる状態にあります。あなたはチームづくりに努力を続けているはずです。このチーム風土をさらに育て、活躍するチームをつくるために、ますます学んでいきましょう。

◆チェックの数が1～2個の場合

あなたのチームの健康状態は、かなり良好です。一定の成果を出し続けることもできる状態です。さらなるレベルに到達するためには、良いところや強みを伸ばし、問題点を改善していくことです。チームを次のレベルに持っていきましょう。

◆チェックの数が3～5個の場合

あなたのチームは平均的です。人間の身体に例えるならば、可もなく、不可もなく、といった状態です。チームとしては何か大きな衝撃があった時に耐えられない可能性があります。でも、ご安心ください。これから課題に取り組んでいけば、輝くチームの未来が待っています。

◆チェックの数が6～8個の場合

あなたのチームは体調不良でムラがあります。このまま放置するとチームは崩壊して「ただの集まり」になってしまう可能性があります。変化の時代に生き残るには、チームの基本的な考え方を学ぶところからスタートし、どんどんトライ&エラー、つまり実践をしていく必要があります。そうすればめきめきと良くなっていくでしょう。

◆チェックの数が9～10個の場合

かなり不健康で重大な病気が潜んでいる状態です。チームの崩壊は時間の問題です。でも、悲観する必要はありません。のびしろがたくさんあるということですから。このマイナスな状態から始まり、改善できた時は、とんでもない達成感を味わえます。無限の可能性を信じて、頑張りましょう。

さて、いかがでしたか。

おそらく半分くらいはチェックがついたのではないでしょうか。中には、8個以上チェックが入った方もいるかもしれません。

でも、だからといって落ち込む必要はありません。どんなに偉大なチームも、最初は「ただの集まり」から始まるのですから。

かくいう私も、チームというものに苦手意識を抱えていました。周りが見えず、自分を中心に考えてしまうタイプの人間でした。

しかし、チームの可能性とそれを生かす方法を知った時、かけがえのない夢を叶え、仲間と幸せになる鍵はここにあるのだ、と知りました。

1人では成し得ないことが、仲間とならば実現できます。それは難しい理論を勉強するのではなく、遊びやゲームを使って楽しみながら実現していけるのです。

そのためには、チームをつくる方法論と遊びの効果を知る必要があります。

さあ、成功するチームの探究と創造の旅に出かけましょう。

2 自己紹介

どん底のE判定から東大に合格

ここで、簡単に私の自己紹介をさせてください。

私は1976年に東京で生まれました。両親は学校の先生。とりたてて勉強ができたわけでもなく、ぱっとしない子どもでしたが、自分の殻を破りたくて、受験生時代は東大を目指していました。

しかし、どれだけ勉強しても模擬試験の結果はE判定。予想通り、現役時代の受験は全滅し、浪人生活を送ることになりました。

ナポレオン・ヒル博士の『思考は現実化する』という本に出会ったのは、この頃です。夢中になってこの本を読み、実践したところ、模擬試験の成績はE判定→D判定

↓C判定↓B判定↓A判定と上がり、東大に合格。学部の卒業式では代表に選ばれるまでになったのです。

それにしても、なぜ奇跡的な逆転劇を起こすことができたのか。それは、私が「チーム」の力を使ったからでした。

『思考は現実化する』には「マスターマインド」という言葉が出てきます。これは「共通の目的を持った仲間たちの協力関係」のこと。私は「同じ夢を持つ仲間」と表現しています。マスターマインドの存在に目覚めた時、1＋1＝2を超える力が働くという考え方に心がビビッと共鳴しました。

それ以来、1人よがりの孤立した勉強でもなく、予備校のカリスマ講師に依存することもなく、自分の目的をハッキリと持ち、仲間と助け合いながら達成しようという意識に目覚めたのです。

例えば、予備校の講師とのコミュニケーションが変わりました。現役時代には講師に質問する時に「こんなことを尋ねたら、どう思われるか?」という評価を気にして、どこか自信のない状態でした。

ところが、浪人してからは、堂々と質問できるようになりました。本来予備校の講師は、受験生を合格させるために存在しています。つまり、信頼できる心強い仲間。そうした意識が芽生え始めたのです。

クラスメートに対しても、ライバル意識が消えて、仲間だと思えるようになり、助け合えるようになりました。

そのおかげで、私のところには情報があふれ、受験の1週間前に友達から受け取った予想問題がそのまま東大入試に出て、合格することができたのです。

他者に依存していると、自分自身の軸はぶれてきます。逆に誰にも頼らないと、外部からの恩恵は受け取れないですよね。

しかし、自分の中で明確な目的や方向性が生まれ、心の体制が整うと、自分自身の軸をぶらさずに、仲間とつながり、助け合うことができる――このチームの力を、私は受験時代に身をもって体験したのです。

アチーバスとの出会い

大学を卒業後、私はナポレオン・ヒル財団に入社し、脳力開発のインストラクターを7年半務めました。営業で全国トップになり、年間ベストマネージャー、支部長にもなりました。それはチームの力を使うことができたからです。

その後、「もっと自分の可能性を広げていきたい」という思いから、2009年に独立。新たな一歩を踏み出しました。

こういうと、一見、順風満帆のように思えるかもしれませんが、いつも順調だったわけではありません。失敗もたくさん経験しました。

その1つが、人間関係や組織の在り方です。その難しさに直面し、「どうしたら、メンバー1人ひとりが輝いて、チームを形づくっていけるだろうか?」と悩みました。マレーシアで天才発明家のジャーミー・レイザー氏と出会ったのは、ちょうどそんな時です。この時、彼が発明した〝アチーバス〟というゲームを知り、私は衝撃を受けたのです。

アチーバスとはACHIEVE(達成)+US(私たち)の造語です(**図序-1**)。

「私たちで達成する」という意味です。勝ち負けではなく、協力し合うボードゲームのネーミングです。なぜ衝撃を受けたかというと、このゲームには、まさに私の原体験である1＋1＝2を超えていくチーム体験のエッセンスがちりばめられていたからです。

このゲームの素晴らしさは、子どもから大人まで一緒に楽しむことができる点です。

自己啓発や学びの世界において、気をつけないといけないのは、学んでいる仲間や、意識が高い人たち同士で盛り上がる一方、他の人とのギャップを生んでしまうことです。新しく学び始めた主婦から「旦那が馬鹿に思えてきた」という相談を受けたこともあります。また、セミナーに行って意識が高くなった経営者が、社員との溝がどんどん深くなる、ということもよくあります。

しかし、ゲームであれば、世代や性別、国籍を超えて一

図序－1　アチーバスとは

ACHIEVE ＋ US ＝ アチーバス

ACHIEVE：達成する
US：私たち

緒に純粋に楽しむことができます。

私は初めてアチーバスの体験会をやった時、小学生の子どもたちが無邪気に楽しみながら夢を叶える原則のカードに触れるのを見て、常識が書き換えられていくのを感じました。これが奇跡の始まりです。

こうした背景もあり、アチーバスに可能性を感じ、開発者ジャーミーと意気投合。それがご縁で、アチーバスを日本で普及させることになり、2014年に「アチーバスジャパン」という会社を設立する運びになりました。

アチーバスが生んだ数々の奇跡

こうして、日本でアチーバスの普及に努めたところ、数多くの奇跡の物語が生まれました。

目を合わせなかった仲の悪い社員同士が意気投合！

目標未達だったチームが息を吹き返し、見事、達成！
コロナ禍にもかかわらず、売り上げが10倍に！
離婚寸前だった夫婦がラブラブに。
アチーバスで出会った複数組のカップルが結婚！

この他にも、世界平和を祈って9カ国で同時刻にアチーバスを開催したり、国内47都道府県にアチーバスのトレーナー（別名「思いやりリーダー育成人」）を誕生させ、2022年の上陸10周年では、「その一歩から変わる」というテーマで28カ所・同時刻にアチーバスを行うなどのイベントも開催することができました。

今では中小企業から上場企業、学校やNPO、フリースクール、そして家庭内まで採用され、チームビルディングや職場開発に活用されています。また、文部科学省のコミュニティスクールというプロジェクトにも採用され、学校にも導入されるようになりました。

アチーバスの素晴らしいところは、ちょっとした日常生活や仕事の合間をぬって、非日常的な感覚でゲームを楽しめる点。そして、チームで協力し合うことや、そのために必要な思いやり、リーダーシップについて安心して語り合える点です。まさに、これがゲームダイアログの始まりです。

私は、アチーバスを通じて、チームが短時間で誕生するプロセスをたくさん見ることができました。

そこには、ダイナミックさや感動があり、実に多様で、なおかつ共通点があることに気づきました。

このエッセンスをあなたの職場や家庭に届けることができないだ

ろうか。本を読むことで、時間やお金を使わずに、遊びを生かしてチームをつくる実践ができないだろうか。

コロナ禍にアチーバスの普及に努める一方、そうしたことについて考えてきました。それはアチーバスを知っていただくきっかけにもなるからです。

そこで、コミュニケーションに良い影響をもたらすさまざまなゲームを考案しました。その結果、アチーバスの要素を取り入れ、誰もが5分以内で楽しめる〈あうんじゃんけん〉が誕生したのです。

この〈あうんじゃんけん〉は第6章でふれますが、コミュニケーション、人間関係を改善するセッションとしてミラクルを起こしました。そして、上場企業の社員研修、ホテルの人材教育などに採用されたのです。

このチームづくりのエッセンス、そして〈あうんじゃんけん〉を、あなたのチームづくりに役立ててもらえたらと願います。

第1章

「遊び」にたどり着くまで

変化の時代には、遊びが必要。
遊びは、予測不能さを包み込む器を持っている。
遊んでいる時、そして絶体絶命のピンチに
人は成長する。
理想で固めたチームは硬直し、
遊びで育ったチームは奇跡を起こす。
あなたのチームはどんな成長を遂げるのだろう？
計り知れない遊びの可能性に、あなたは驚くだろう。

1 予測不能の時代

ＶＵＣＡの時代がやってきた

さあ、いよいよチームと遊びの探究に出かけます。

まず、私たちが生きている時代の状況を見てみましょう。外部環境によって、必要とされるチームの在り方、つくり方も異なってきます。ここを知ると「なぜ、これからの時代のチームづくりに遊びが役に立つのか」が見えてくるはずです。

あなたは「ＶＵＣＡ」という言葉を聞いたことはありますか？

ＶＵＣＡとは、Volatility（変動性）、Uncertainty（不確実性）、Complexity（複雑性）、Ambiguity（曖昧さ）の頭文字をとったもので（**図1－1**）、ひと言でいうと「将来の予測がつかない混沌《こんとん》とした状況」を意味します。

今の国内外がそうです。例えば、世界を一変させた新型コロナウイルス。ステイホーム、テレワークが始まり、東京オリンピックの開催も延期されました。そして、ロシアのウクライナ侵攻、電子マネーの普及や汎用性ＡＩの登場……、移り変わりが激しく、この先どうなるのか、まったく想像がつかない状況といえるのではないでしょうか。

私たちは、まさにＶＵＣＡの時代を生きているのです。将来の予測がつかない混沌とした状況において、過去の常識やデータは役に立ちません。

今まで大切にしていた軸となるものの崩壊が、当たり前のように起こります。そんな時に個人にとって大切なことは、その時その時の状況を観察し、理解すること。そして、１人ひとりが自分の頭で考え、心で感じて、決断していくことです。

図１－１　VUCAとは

Volatility	変動性
Uncertainty	不確実性
Complexity	複雑性
Ambiguity	曖昧さ

2 チームが成長する道とは

このような予測不能な時代に、どのようにしてチームをつくり、育てていけばよいのでしょうか。

今までと同じやり方——例えば、会社の売り上げや生産性だけに固執していたならば、視野が狭くなり、大切なことを見失ってしまうでしょう。気がついたら時代から取り残され、チームが崩壊の危機にさらされてしまう。

そうならないためには、チームの在り方を根本から見直す必要があります。

言い換えると、VUCAの時代に生き残るためには、「チームの成長」が私たちに課された重要命題なのです。

いかがでしょう。「チームを成長させるといっても、いまいちピンとこない」と、疑問に思う人もいるかもしれません。

ここで、あなたにお尋ねしたいことが1つあります。

あなたのチームを成り立たせているものは、何でしょうか？

個々のメンバーですよね。そう、チームは個人から成り立っています。

したがって、チームの成長は＝《イコール》個人の成長でもあります。個人の成長なくして、チームの成長はありません。同時に、チームの成長は個人の成長にもつながるのです。

何を伝えたいかというと、これからは個人とチームが一緒に成長していくことが、ますます重要になってくるということです。

今までは、チームの中で個人が育っていくモデルが主流でした。それは、チームがある程度安定しているという前提に成り立つものです。

でも、ＶＵＣＡの時代には、チーム自体が変化をしていかなければならない。そこにただ巻き込まれるだけならば、個人が疲弊して、チームどころではなくなってしまうでしょう。

そのためには、チームの枠にとらわれず、社会全体の状況を踏まえた上で、個人が自覚して自ら選択し、失敗も経験しながら成長していく。それが、チームの進化につながる。その1つのモデルとなるのが「ティール組織」だと、私は考えています。

3 新しい時代に活躍する組織とは

進化する組織の最終形態とは

「ティール組織」という言葉を聞いたことはありますか？　初めて耳にする人もいると思いますので、簡単にご紹介させていただきます。

ティール組織というのは、マッキンゼーのアソシエート・パートナーコンサルタントとして組織変革プロジェクトに携わったフレデリック・ラルーというベストセラー作家が提唱した、新しい組織概念のことです。「組織は進化する」という仮説に基づき、そのプロセスを表現しています。

「ティール」は深い青緑色のことで、メタファー（たとえ）としては生命体のような組織のことです。そこに到達するまで、「レッド（赤）」、「アンバー（茶色）」、「オレンジ（橙）」、「グリーン（緑）」と、さまざまな色に例えた組織を経て、ようやく「ティール（青緑）」に到達するのです（**図1－2**）。

ティールとは、トップが指示を下さなくても、組織の存在目的を共有しているメンバーが自律して意思決定をしていける組織のことです。

メンバー1人ひとりが目まぐるしく変化する環境の中で、進化し続ける組織の目的・ビジョンに気づき、その瞬間の使命を果たすために自ら動く。そこに「やらされ感」がありません。

誰かに指示されたから動いたり、固定化した役割にとどまったりするの

図１－２　５つの組織モデル

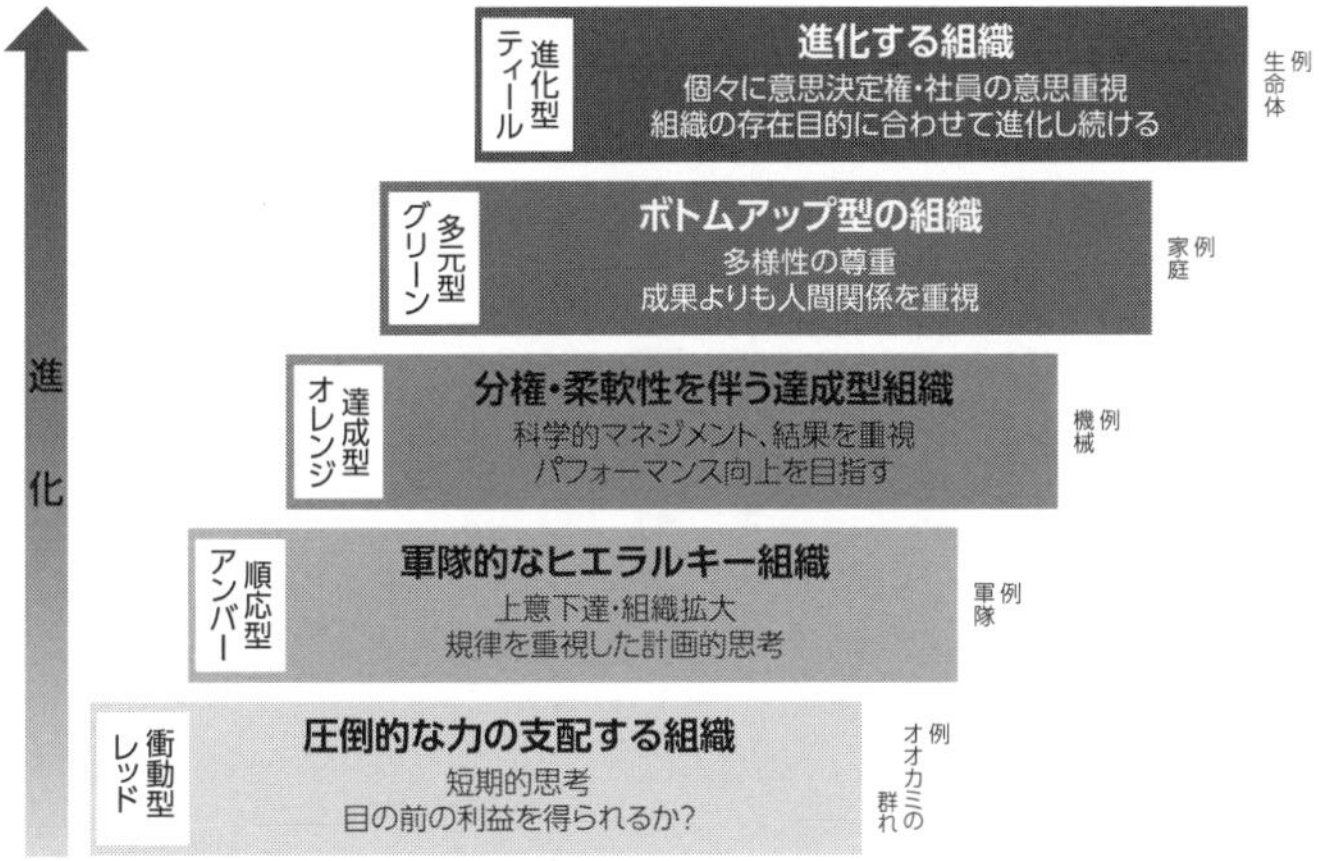

ではなく、1人ひとりがチームに責任を持って決断するリーダーである――それが、ティール組織の核です。

生命体としての組織

ティール組織のメタファーは「生命体」と伝えました。さあ、組織はどのように生命に例えられるのでしょう？

想像してみてください。私たち人間をはじめ、ゾウのような大きな動物にもアリのような小さな昆虫にも、1つの共通点があります。それは何だと思いますか？

答えは、「たくさんの細胞によって体ができていること」です。

実際、人間の体は約60兆もの細胞で成り立っているといわれています。心臓、肺、胃腸、肝臓、腎臓、甲状腺、気管……そのどれもが、元をたどれば細胞の集まり。その細胞が生きているから、こうして生命を保つことができるのです。

しかも、こういった内臓や器官は、何かに命令されて働いているわけではありません。胃腸が食べ物を消化するのも、肝臓がアルコールを分解するのも、腎臓が血液の濃度を一定に保つのも、すべて自主的な働きによるものです。こうした個々の細胞の自主的な働きが、生き物を生き物たらしめているのです。

ティール組織は日本でつくれるのか

ここまでお読みくださった人の中に、次のように思っている人もいるかもしれません。

「ティール組織のようなチームは、日本でつくるのは難しいのではないか？」

そう思うのも当然です。

今までの日本の企業は縦割り組織で、役職があり、役割も決められ、そこに責任が存在しています。当然、働く人は、その決められた範囲の中だけで動きますし、その範囲内での利益や成果が求められます。

そうなると、どうしても視野は狭くなり、組織全体の目的を意識したり、ましてや業界や社会の流れなどの外部環境の変化を感じて、個人のレベルで意思決定するところまで到達しにくいのではないか、と想像できます。

しかし、私は「日本だからこそ生命体のような組織はできる」と考えています。なぜなら、日本人は感性がとても豊かで、情景や心情といった言葉を超えた全体的なものを感じ取る能力に長けているからです。

短歌や俳句などが、よい例です。五・七・五・七・七、あるいは五・七・五という限られた文字数で感じ取ったものを豊かに表現できるのは、日本人ならではの特性ですよね。また、日常会話の中で「私」「あなた」という主語を抜かしても、「ありがとう」「ごめんなさい」だけで会話が成立するように、良い意味で「個人」という概念を超えて、チームを感じている国だと思うのです。

だとしたら、その感受性を生かして、世の中の変化を感じ取ることができるし、それは成功するチームづくりにも生かせるはずです。

必要なことがあるとすれば、リーダーシップを発揮し、決断する勇気なのかもしれません。日本人の感受性を生かした日本型ティール組織は可能だと信じます。

個が集まって１つをつくるスイミーな組織

私は、セミナーなどで「これからの組織のビジョンは〝スイミーな組織〟だ」とお伝えしています。ティール組織は概念を理解するのが難しい側面がありますす。誰もがパッと思い描ける絵がほしいと思って仲間と話している時に、１つのイメージが降りてきました。

それが「スイミーな組織」[1]です。これは、レオ・レオニ著『スイミー』（好学社）という絵本にならったものです。

『スイミー』の物語、ご存じですか？　ちょっとス

1　「スイミーな組織」は、アチーバスジャパン㈱と㈱メンターリング・アソシエイツで共同開発・実施しているプログラムです。

図１－３　スイミー

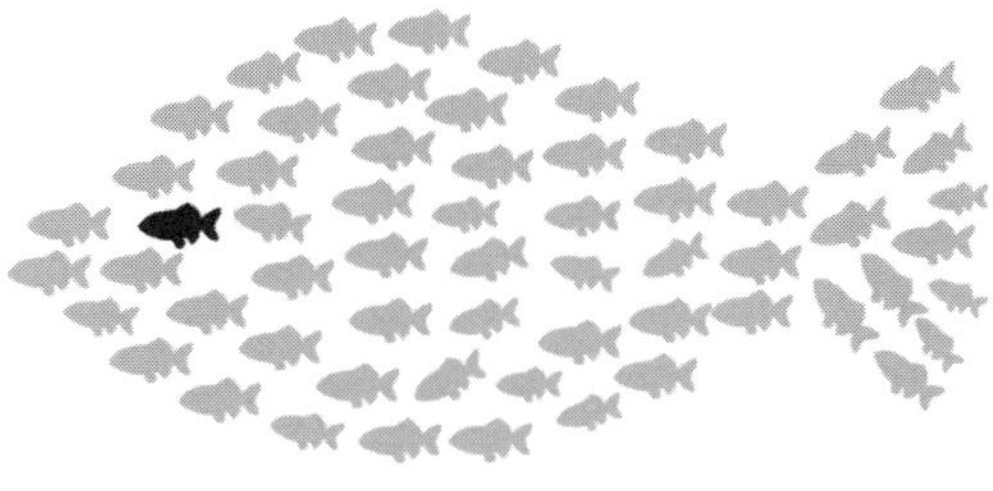

トーリーをご紹介しましょう。

「スイミー」は1匹の小さな魚です。あるとき、スイミーの仲間の小魚たちが、マグロに食べられてしまいました。

仲間を食べられたスイミーは苦しみました。仲間たちがマグロに食べられることなく、自由に海を泳げるようになるためにはどうしたらよいかを考え続けました。そこで次の海では、仲間の魚たちに呼びかけ、集まって巨大な魚のふりをして泳いだのです。

その結果、マグロを追い払うことに成功し、スイミーたちは海の中をすいすい泳げるようになりました。

つまり、「スイミー」は小さな魚たちのリーダーのこと（**図1－3**）。大きな目標の達成のためにみんなで力を合わせ、有機的に働き合うことの重要性を、この絵本では教えてくれています。

スイミーの仲間の小魚たちは、1匹1匹は自立していて、自由に泳いでいます。でも、危険がやってきたり、大きな魚に対抗したり、変化にみまわれた時には、それぞれが自ら集まってチームをつくるのです。

形も自由に変えられます。魚同士の距離を開けて、もっと大きな魚の形をつくることもできますし、逆にぎゅっと集まって細長い魚になり、狭い場所を通り抜けることもできます。

そのように、スイミーは海の流れとその場の目標を感じ取ってチームをつくり、1匹ではできないことを成し遂げるのです。

これは、リーダーの指示や、過去の経験だけにとらわれていてはできません。1匹1匹が感じて動く自律性が源となるのです。

上から言われたことだけをやっていればいいという時代は終わりを告げました。

これからは世の中で起こっていることを敏感に感じ取り、メンバー全員がつながりを重視し、仲間としてお互いを思いやり、よろこび合う——そんなチームが活躍する時代です。その中心には自分と仲間への信頼があります。

さあ、あなたもチームに命を吹き込み、激動のＶＵＣＡの時代を生き抜く生命体として活躍しませんか。

4 一枚岩のチームになるために必要なこと

「私」「あなた」から「私たち」へ

では、どうすれば、1人ひとりが自立しながら力を発揮して、チームとして高いパフォーマンスを発揮するチームをつくれるのでしょうか？

1人が優れた感受性を持っているだけでは不十分です。その能力を生かすためには、スイミーで例えると、1人ひとりが「巨大な魚をつくろう」という意識を抱くことが重要になってきます。

それも、リーダーから「巨大な魚をつくりなさい」と言われてアクションを起こすのではなく、1人ひとりが自分で感じて、アクションを起こしていく必要があるのです。

そのためには、「私は○○」「あなたは○○」から、「私たちは○○」へとシフトしていく必要があります。

「私は○○」の根底には、「私はこう思う」「私はこう考える」「私はこう感じる」という意識があります。

「あなたは○○」も基本は同じで、あなたという相手を中心に考えていく意識です。この意識が出発点となります。

しかし、それだけでは、チームにはならず、バラバラな個のままで終わってしまう可能性があります。

そこを踏まえて「私たちは○○」にシフトしていけば、「私たちはこう思う」「私たちはこう考える」「私たちはこう感じる」という全体意識が芽生えるようになります。

ただ、そこに「私」がないと「私たち」だけが暴走してしまうため、「私」の存在意義が薄れてしまいます。

そうならないためには、「私」が失われた「私たち」ではなく、「私」という個人を含んだ「私たち」に意識をシフトさせることが重要になってきます。

「私たちは、○○を目指していて、今、□□な状況だと感じています。だから私は

△△をやります」といったように、「私たち」と「私」の両方がうまく共存していく形が理想です。個人もチームも共に成長していく形です。

こうした姿こそが「巨大な魚をつくろう」という意識にほかならず、スイミーな組織に生まれ変わるための第一歩となるのです。

そして、この「私たち」という感覚も日本人の心の中にセットされているのです。

さて、ここまでお読みになり、スイミーな組織（ティール組織）のイメージを、なんとなくつかんでいただけましたか。

その上で、あなたがリーダーだとしたら、メンバーにどう伝えますか？

今のままではチームは生き残れない。これからは世の中で起こっていることを敏感に感じ取り、メンバー全員が同じ目標を持つ仲間として、つながりを重視するチームに変身を遂げるべきだ――そう力説し、指示を下しますか？

それでは効果はあまり期待できないでしょう。

あなた（リーダー）が力説したとしても、メンバーはうわの空。強要しようものなら、逆効果になりかねません。

それもそのはず。

なぜなら、これはティール組織の名前を使った完全なるトップダウン型組織であるからです。やらされ感がズーンと圧し掛かり、メンバーのモチベーションは低くなるばかりです。

私たちの中にトップダウン組織の習慣はしみついています。

じゃあ、どうすればいいの？

何から始めればいいの？

そのためのキーワードとなるのが、本書のテーマである「遊び」なのです。

5 遊びがチームに変化をつくる

遊びが人間の文化をもたらした

遊び――この言葉から、あなたは何を連想しますか。

かくれんぼ、鬼ごっこ、トランプゲーム、カルタ、ドッジボール、折り紙、積み木遊び、缶蹴り……、いろいろな遊びが挙げられるでしょう。

そういった一連の遊びには、ある共通点があります。それは、通常の規範やルールに縛られない自由で自発的な活動であるということです。それによって、自由な発想をつくり出すきっかけにもなるのです。

実際、20世紀を代表する歴史学者ヨハン・ホイジンガは著書『ホモ・ルーデンス』の中で次のようなことを述べています。

「文化のなかに遊びがあるのではなく、遊びが人間の文化をもたらした。宗教的祭祀でも音楽でも詩でも、元々は遊びの要素が大きいのだ」

ということは、チームビルディングも例外ではありません。

「遊んでいる時と、絶体絶命のピンチの時に、人は成長する」――これは私が口ぐせのように用いている言葉ですが、遊びこそがチームを成長させる最高の秘薬なのです。

なぜ、遊んでいる時と絶体絶命のピンチの時に人は成長するのか？

では、遊んでいる時と絶体絶命のピンチの時に、なぜ人は成長するのでしょうか。

まず、絶体絶命のピンチ。そうした状況に直面すれば、「やるしかない」という精神状態になるため、持ちうる限りの知恵を振り絞り、積極的に行動を起こさざるをえなくなります。ピンチを克服するために、あらゆる手段を使い、持てる力をフルに発揮しようとします。結果、自分という人間を研磨せざるをえなくなり、成長につながっていくわけです。

とはいえ、ピンチばかりだと神経を消耗するし、疲れてしまいますよね。ストレスもたまるし、身も心もヘトヘトになってしまいます。

では、遊びはどうでしょう。前述したように、遊びは自由で楽しく自発的な活動なので、やらされ感もなければ、神経をすり減らしたり、ストレスがたまったりすることもありません（遊び疲れはあるでしょうけど・笑）。

枠の中にはまってしまうと新しい考え方ができなくなるのと違い、遊びにおいてはフレキシブルにモノを考えることができるし、自由に発想することで、冒険することもできます。

また、切羽詰まった状況の中でも、遊びが前提であれば、上司に命令されてイヤイヤ決断を余儀なくされることもないので、楽しみながら決めることもできます。

トランプゲームの「7並べ」がよい例です。手持ちのカードの中に「ハートの8」や「スペードの6」があったとしましょう。誰かから「ハートの8を出しなさい」とか「スペードの6を出しなさい」と強要されることはありませんよね？　いつ、どのカードを出すかは、自分が好きなように決めるはずです。

さらに、みんなで楽しむことで、素の自分、すなわち自分らしさも表現できます。

こうしたポジティブな要素が合わされば、気負ったり、力んだりすることなく、自然に自発性、発想力、冒険心、決断力といったものが養われ、ひいてはその人の成長につながっていくわけです。

遊びの本質は、安心してチャレンジできること

遊びが成長を促してくれる理由はほかにもあります。それは遊びには「安心」と「チャレンジ」の両方の要素が備わっていることです。

再びトランプゲームを例に出すと、「ババ抜き」がまさにそうです。相手の手元に４枚のカードがあるとします。そのうちの1枚はジョーカーの可能性が大。

４枚のカードのどれかを引く時、「ジョーカーかも?」とドキドキしつつも、過度な不安に陥って逃げ出してしまうことはめったにありませんよね。楽しみながら、安心して、チャレンジするはずです。

なぜでしょう？　ジョーカーを引いたとしても、誰かに叱られたり、危害を加えられたり、金銭的損失をこうむったりする心配がないからです。そう、遊びは失敗しても実害がないのです。

ところが、これが仕事となるとそうはいきません。失敗が許されない状況にある時、たいていの人はリスク回避のために、チャレンジせず、過去にやってうまくいった方法を選択します。

失敗が許されないから安心できない。それゆえ積極的にチャレンジできない。結果、保守的になり、成長の機会を失っていくのです。

現場の中に安心してチャレンジができる環境をつくるのは、企業としても難しい部分があるのではないでしょうか。でも、遊びやゲームであったら、安心してチャレンジできる場を設けることができるはずです。

リーダーシップは遊んでいる時に発揮される

安心してチャレンジする場は何をもたらすのでしょう？　それは、遊んでいる時、人は主体的になり、リーダーシップを発揮するようになることです。

私は「ウチのチームのメンバーは主体性がない。どうしたら改善できるか？」という相談をよく受けます。

でも、これは難しい。「主体的であることが大切だ」という研修を受けて、実践したとしても、言われて行動しているその時点で、メンバーは〝受け身〟であり、それは主体性と真逆の態度を強化してしまうからです。どうしても、やらされ感はぬぐえません。

一方、遊んでいる時はどうでしょう。知らず知らずのうちに、リーダーシップを発揮するようになってくるはずです。

先に挙げた「7並べ」で、「ハートの8」を先に並べるか、それとも「スペードの6」を出すのかは、自分の意思で決めます。「ババ抜き」もしかり。相手の手元にあるカードの中から、どれを引くかは自分で決めます。

決定権はすべて自分にある。自分の意思でどうするか決める。自分では気づいていないけれど、これこそ、まさにリーダーシップを発揮している証拠なのです。

いかがでしょうか。遊んでいる時に人が成長する、ということの意味をおわかりいただけましたか？

ＶＵＣＡの時代に生き残るためには、個人もチームも同時に変化し、成長していくことが求められています。自発性、発想力、冒険心、決断力を養うために、安心してチャレンジができる環境をつくり出していく工夫が必要になってくるのです。

その最も簡単な方法が、遊びを生かしたゲームダイアログです。

6 チームを育てる対話

メンバーの「前提」をそろえる

「ダイアログ」という言葉を知っていますか？　深い相互理解が生まれる話し合い、いわゆる「対話」のことです。

成長する組織をデザインする組織開発の中で、対話はとても重要な役割として位置づけられています。なぜなら、お互いを理解したり、共通の目的を共有したりするには、1人ひとりを尊重して語り合う対話が効果的だからです。

しかし、いざ対話を行おうとすると、これが意外と難しい。なぜかというと、対話をするための「前提」が、なかなかそろわないからです。

それは目的に対する理解や全体像の把握に時間がかかる、感情的なズレが生じるなどさまざまですが、最も高い壁となるのは「そもそも見えている世界が違う」ということです。

前提がそろわない状態で対話を始めると、世間話や雑談以上には進まず、そのストレスから余計に気持ちが離れていく可能性があります。

見えている世界が根本的に違う、というわかりやすい例えとして、**図1－4**をご覧ください。

Aさんと Bさんが外の景色を眺めながら、「きれいですね」と、同じ言葉を発したとします。一見、お互いは同じ気持ちのように思えます。

でも、Aさんは花を見て「きれいだ」

図1－4　人それぞれ見ているものが異なる

と思ったのに対し、Bさんは女性を見て「きれいだ」と思っているのだとしたら、これはもう完全に勘違い以外の何物でもありません。２人が捉えているものが完全に違うからです。

同じ言葉を発しても、人によって意味合いが違う別の例として、「大丈夫」という言葉があります。心から相手を信頼して発した「大丈夫」なのか、心配だけどあえて「大丈夫」と言ったのか、もしくは適当に「大丈夫」と口にしただけなのか。発言者の真意がつかめなければ、コミュニケーションのズレを起こすことになります。

対話の中で、当たり前のように使われている言葉でさえも、違うことを指しているかもしれない。まずはこの前提に立つことが必要なのです。

対話の難しさを解消するゲームダイアログ

ところが、ゲームを一緒に楽しむという体験を共有すると、お互いが見ているもの、思っているものが違うという気づきから、お互いを受け入れることができます。

「そうか……。彼は○○に対して××のように考えていたのか」

「なるほど、彼女はここに焦点をあてていたのか」

このように相互理解が深まれば、必要以上に違いに反応することもなくなります。そして、次第に同じ感情や感覚を持ち、目的の共有化が図れるようになるのです。

そして、一緒にゲームをやることで、仲間意識が育ちます。自然と「ここはみんなで協力し合おう」「お互い、助け合おう」という習慣が生まれます。さらに、それが言葉や態度にも表れるようになります。つまり、感情も共有できるようになり、チームの一体感につながるのです。

チームに一体感が生まれると、安心感を持って目標達成に向かっていけるようになります。冒頭で紹介したチームの健康診断の結果も変わり「成功するチーム」に変身を遂げるのです。

その具体的なプロセスを、本書ではお伝えしていきますが、その前に、「チームを崩壊させるものは何か?」をお話しします。これを理解することでチームの現実に向き合い、チームを大切に育てようという思いに目覚めることができるからです。

チームはいとも簡単に壊れます。それを知った上で、チームづくりの旅に出かけましょう。

第2章

何がチームを崩壊させたのか

チームが崩壊したその時……。
そこから、何を学ぶべきなのか？
失敗は失敗と認めない限り、失敗とはならない。
それは、偉大なる財産となる。
さあ、現実を受け止め、
輝く未来に向かって歩き始めよう。

1 恐怖心がチームに与える影響

人に触れるのが怖い

どんなに優れたチームをつくったとしても、壊れる時は一瞬です。そこで、本書では、最近起こった事例も踏まえて「どうしてチームが壊れていくのか」ということから洞察していきます。これを理解することで、これからの時代に成功するチームをつくるだけではなく、守り、育てる、ということにも心が向かうようになります。

プロローグで紹介した診断テストの質問を思い出してください。

「会話が少なく、お互いのことを知らない」、「チームとしての一体感が薄い」等々、10項目を挙げました。

では、何がそうさせているのか。何がチーム崩壊の危機をもたらすのか。

近年におけるチームへの大きな影響といえば、新型コロナウイルス感染症による影響が挙げられます。

コロナ禍は私たちの生活基盤に大きな変化をもたらしました。その1つが、人に触れることへの恐怖と、心の断絶です。

もともと、人は触れ合うことでぬくもりや安心感、そして、つながりを感じる動物です。それは母親に抱かれる優しさや愛からきていたはずです。

しかし、手をつなぐ、握手する、ましてやハグをする……こうした行為はソーシャルディスタンスの名のもとNGとされ、他者とのスキンシップは、ほとんどなくなりました。

政府が新設した孤独・孤立対策室の調査によると、孤独を感じる人が多くなり、うつ病になる人、ひきこもりになる人、20歳未満の若者の自殺者が増加。また、夫婦が四六時中顔を合わせることによって生じる家庭内不和の問題が起こりました。

こうした一連の社会現象問題の根源にあったのは、「生存をおびやかされることに対する恐怖」と「拒絶されることに対する恐怖」です。

恐怖感は人との距離を遠ざける

恐怖感は当然のことながらビジネスシーンにも悪影響を及ぼします。

多くのチーム（組織）はテレワークを取り入れるようになり、それによって人と人とが直接触れ合う機会は減りました。ランチに行ったり、飲み会を開いたりすることは、なくなりました。

たまにリアルで顔を合わせても、「この人、まさかコロナに感染していないだろうな」と警戒心を抱くこともあったと思います。これは、生存に対する恐怖感の表れです。

また、他者に対して、次のような感情を抱いたことはありませんでしたか？

「あの人は、いつもマスクを外している。だから近寄るのはやめておこう」

「あの人がワクチン接種の否定派（もしくは肯定派）だったらどうしよう」

マスクをつける・つけない、ワクチン接種を受ける・受けないは、人それぞれの考え方・価値観がありますし、最終的には個人の選択です。

しかし、それによって考え方が分かれ、分断とともに恐怖や不安の種が生まれ、コミュニケーションを図るのが不自由になる。安心して自由に話せない雰囲気が生まれ、人と人との距離が遠ざかっていく。これはチームづくりを邪魔する要因と考えられます。

みんなと良好な関係を保ちたい。協力し合いながら仕事を進めていきたい。そうは思っていても、生存に関わること、そして基本的な価値観において意見が分かれると、拒絶への恐怖心からどうしても距離感ができてしまい、気持ちよい関係を築くのが難しくなります。これが、恐怖心がチームに与える影響です。

私はコロナ禍に、１９２９年の世界大恐慌に希望を与えたといわれるフランクリン・ローズヴェルト大統領の言葉を思い出しました。

「恐怖そのもの以上に恐れるものは何もない」

これは、どんな時代でもリーダーは心に留めておく必要のあることではないでしょうか。

2 働き方の変化がもたらす影響

雑談が交わせない

コロナ禍の前後を比較して、チームで変わったことの1つに、社内コミュニケーション不足が挙げられます。

コロナ禍の前、ランチや打ち合わせの前後などのちょっとした隙間時間に、私たちはなにかと雑談を交わしたものです。

「次のプレゼンの準備、うまく進んでる？」

「それが、別件で立て込んでいて、なかなか手が回らないんだ」

「少し手伝おうか？」

「助かるよ。お礼に、今度ビールをおごるよ」

「駅前に安くておいしいイタリアンのお店ができたんだって」

「ホント？　近々、行こうよ」

「じゃあ、今週の金曜日は、どう？」

「いいね！　スケジュール確認してみるよ」


こんな会話が仕事を進めるためのエネルギー補給になっていたのです。ところが、テレワークで職場が失われ、働く人同士が引き離されました。同時に、メンバー同士や、リーダーとメンバーが打ち解けてゆっくり会話する機会が失われていきました。

2種類のコミュニケーション

コミュニケーションには2つの種類があるといわれています。1つは、何らかの目的を持って図るもの。もう1つは、特に目的もなくただ会話を楽しむもの。

後者は一見無駄のように思えるかもしれませんが、お互いの理解を深め、安心した人間関係をつくる効果があります。安心した人間関係が築ければ、お互いの短所を受け入れ、長所をリスペクトすることで、結果的に、助け合ったり、協力し合ったりすることができます。

ところが、コロナ禍の影響でテレワークが普及してからというもの、目的なく、ただ楽しむ会話をする機会がめっぽう減ってしまいました。

ＺＯＯＭ等のオンライン・ミーティングでは、業務上必要な会話をしたら、それでおしまい。即、画面オフして、退室。これではコミュニケーション不足になるのは目に見えていますよね。

言い換えると、以前のように職場という同じ空間の中で、時間や体験を共有しているからこそ育めた思いやりや優しさが、育みにくくなったのです。

しかし、私たちはこの変化に順応していく必要があります。たとえ働き方が変わっても、コミュニケーションができる場をつくる必要があるのです。

3 目的を描けないことがもたらす影響

今の日本は幕末の頃と似ている

第1章で予測不能なＶＵＣＡの時代に突入したといいましたが、日本の歴史を振り返ってみると、同じような時代が過去にもありました。

いつの時代でしょう？　それは、幕末です。

当時の日本は、黒船が来航したことで尊王攘夷（天皇を尊び、外国勢力を追い払おうとする思想）が叫ばれ、一方で開国を唱える人たちもいて、将来の予測がまったくつかず、実に混沌としていました。

そうした状況下にありながら、幕府の方針はあやふや。そして、強引にリーダーシップをとろうとした大老の井伊《いい》直弼《なおすけ》が暗殺されてからというもの、幕府に求心する人がいなくなり、誰もリーダーになろうとはしませんでした。

リーダーシップを失った幕府は崩壊し、明治維新を迎えるわけですが、そこで活躍したのは坂本龍馬や西郷隆盛など、幕末の志士たちでした。

今の日本のチームも、ある意味、当時と同じ状況なのかもしれません。

リーダーになりたがらない人が増えている

繰り返しになりますが、現代は予測不能なVUCAの時代、答えが見えない時代です。優秀なリーダーであってもわからない。そうした状況で、強引なリーダーシップを発揮したらどうなるでしょうか。

一時的には方向づけができるかもしれませんが、心から同じビジョンに向かうメンバーの意識は芽生えません。

ましてや、現代は情報化社会。さまざまな意見が飛び交っており、個人の意見を守ってくれる情報も簡単に見つけることができます。そのような情報はチームへの不満と結びつき、自分の意見とリーダーの意見の違いを強化します。

その結果、メンバーに「やらされ感」をもたらし、誇りを失わせ、自立心と考える力を失わせてしまうのです。

さらに、リーダーの意思決定が失敗に終わろうものなら、「このリーダー、本当に大丈夫なのかな……」とメンバーたちから疑いの目を向けられ、求心力は下がり、信頼を失い、チームに対する不信感も募っていく可能性があります。

つまり、現代は「リーダーを信じる」という構造自体がもろくなっているのです。これでは、今まで以上にリーダーになりたくない人が増えるのは当たり前です。

そうしたことを併せ考えると、今は、リーダーにとって多くのことが試される時代なのです。

「変化が激しすぎて、正しい判断ができない。でも、もたもたしていたら、チームは崩壊してしまう。こんな環境下で責任を押しつけられるのは、まっぴらごめんだ」

これがリーダーになりたくない人たちの本音です。だからこそ、リーダーをメンバーみんなでサポートすることを前提とするチームづくりが必要になってくるのです。

4 働く意味を見失うことによる影響

ある大学生のぼやき

以前、何かのネット記事で読んだ話になりますが、コロナ禍に、ある大学生がSNSに次のような投稿をしました。

浪人して、頑張って勉強した末、ようやく念願のW大学に合格。この春からW大生になることができたけれど、その実感が持てない。

あの門をくぐるからこそ、W大生という自負が持てるのであって、オンラインで授業を受けているだけだったら、田舎にいてもできるわけだし、わざわざ上京して下宿をした意味がない。

いったい自分は何のためにW大学に入ったのだろう。何のために勉強するのだろう。

そう思うと、だんだんとやる気が失《う》せてくる。


だいたい、このような内容です。

この投稿した大学生がその後どうなったのかは不明ですが、実は、これと同じような現象がチームのメンバーたちにも起こっているのではないかと考えられます。

共通点は、「何のために働くのだろう」と疑問に思う人が急増していることです。

なぜ、メンバーは育たないのか

では、チームのメンバーたちは、なぜ「何のために働くのだろう」と思うようになってしまったのでしょうか。

理由は３つ考えられます。

１つ目は、愛社精神の減退です。

これまでは、毎日職場の仲間と顔を合わせながら仕事をすることで、会社に対する愛着心が育まれてきました。

ところが、テレワークに切り替わったことや、人手不足で忙しすぎることなどにより、職場の仲間とのつながりが感じられず、会社と切り離され、会社を愛する気持ちがすり減っていきました。それにより、「会社のために頑張ろう。会社に貢献しよう」という意欲も薄れてきたのです。

2つ目は、会社全体が〝守り〟に入ってしまったことに対する不安です。

将来の予測がつかない混沌とした今日では、「ウチの会社もこの先どうなるかわからない」と不安を抱きやすくなります。

そうなると、保守的になり、防衛反応によって自分中心に物事を考えるようになります。エゴが前面に出て保身に走ったり、周囲との協調性が失われたりして、挑戦心も育まれません。

3つ目は、前述した2つの相乗効果によって、やる気、すなわちモチベーションが低下してしまうこと。ひと言でいえば、仕事がつまらなくなってしまうのです。

モチベーションが低下してしまうと、仕事にやりがいが持てなくなります。クリエイティビティが下がり、創意工夫をこらして仕事に取り組もうという意欲も失せ、向上心や探究心も薄れてきます。結果、「何のために働くのかわからない」という無意味感を生むのです。

「ウチのチームのメンバーが成長しない」と嘆くリーダーがいますが、実はこうしたことが要因になっています。

言い換えると、「何のために働くのだろう」というメンバーの思いを払拭しない限り、リーダーが「会社を成長させるために、こうしよう」、「プロジェクトを成功させるために、こうしよう」と声を大にして叫んでも、届かないままで終わってしまうのです。

5 理念が共有されないことによる影響

会社の理念を社員は見ていない

地球で最もお客様を大切にする企業であること（Amazon）
世界を良い方向に変えていく（ファーストリテイリング）
住まいの豊かさを世界の人々に提供する（ニトリ）

このように、多くの企業は何かしらの理念を掲げています。理念は社内に浸透して初めて、有意義なものとなりますが、実際にはそうでない企業がほとんどです。

そう、個人（社員）は企業理念を認識していても、納得していない、忘れているといったケースが多いのです。これでは「組織が理念を持っている」とはいえません。

第1章でお伝えしたことを、もう一度、思い出してみてください。

「私は〇〇」だけでは、単なるエゴイストで終わってしまう。チームが誕生する時は、「私たちは〇〇」という意識へとシフトしていく必要がある。

ただ、それが「私」を含まない「私たち」として暴走してしまうと、個人は苦しくなり、チームは崩壊する。「私」と「私たち」の両方が存在している時、理念は共有されているといえる。

会社が個人に理念を押しつけるのは、まさに「私たち」だけが暴走している状態です。これが度を超すと、会社はワンマン経営で社員をコントロールしようとします。すると、社員は反発するばかりで、結果、社員の心は会社からますます離れてしまいます。それどころか、きれいごとではご飯は食べられない。理念すら二の次になっている会社がほとんどかもしれません。リーダーも生き残るために必死です。

しかし、それでは企業としての存在意義がどんどん薄れ、弱体化してしまう。これもまた、今日の企業が抱える問題といえるのではないでしょうか。

6 家族との関係性による影響

未来学者の予言は的中していた

『第三の波』という本があります。1980年に出版されたアメリカの評論家でもあり未来学者でもあるアルビン・トフラーの著書です。

この本の中でトフラーは次のようなことを述べています。

人類はこの地球上で三つの大きな変革の波による影響を経験するだろう。

第一の波は、それまで狩猟生活をしていた人類が初めて農耕を開始し、食料を保存できるようになった時。

第二の波は、18世紀の半ばから19世紀にかけて起きた産業革命。工場による大量生産ができるようになった。

そして、第三の波として、サービス業の時代がやってくる。それは個の時代。つまり、オーダーメイドの時代だ。


そしてトフラーは、このように述べています。


未来、みんなが集まる職場はなくなるだろう。

それは通信技術が発達して通勤する必要がなくなるから。

その時、大切な存在は何か？　それは家族だ。


トフラーの予言は、まさに今の世を表しているといっていいでしょう。

社会全体でＩＴ活用が進む中、コロナ禍と相まって、在宅ワークは定着しつつあります。

家族との関係は無視できなくなってきました。

これもまた、チームの存在を危うくする要因なのではないでしょうか。

家族関係を見直す時

家族との関係がうまくいかなかったり、ギスギスしていたりすると、仕事にも悪影響をきたします。

考えてもみてください。朝、夫婦げんかをして、妻（夫）から痛烈な言葉を浴びせられ、怒り心頭で興奮冷めやらぬままに始業時間を迎えるとします。

在宅勤務の場合は、部屋を移動したとしても、「家」という、相手と同じ空間に身を置くことになります。あなたは平常心を取り戻せるでしょうか？　ちょっと厳しいですよね。人によっては、仕事中も鬱々《うつうつ》とした気持ちを引きずるはずです。

そんな状態でオンライン・ミーティングをしても、いまいち集中できないだろうし、メンバーとのコミュニケーションもうまく図れないかもしれません。

コロナ禍がきっかけで、家の存在意義は大きく変わろうとしています。

これまで、「家」は生活空間の場であり、リラックスする場でもありました。しかし、これからは仕事を行う場――職場としての機能も付け加えられることになったのです。「家」は、よりいっそう大きな役割を担うことになったといえるでしょう。

7 チームを取り戻す問いかけ

チームに向き合う

チームのメンバーとして当たり前のように仕事をしている時でも、問いかけてほしいことがあります。

チームの目的は、何だろう？

チームを支えているものは、何だろう？

チームの一体感って、何だろう？

チームの誇りとは、何だろう？

その問いと答えをメンバーと共有していくことで、チームに命を吹き込むことができます。

チームをつなぐものは何か？　それは真剣に生きる人が何度も直面する本質的なテーマです。

チームの在り方が問われる時代

年功序列や終身雇用制度がとうに崩壊したとはいえ、私たちは一定時間、会社に身を置いて仕事をしていれば、収入を得ることができました。

しかし、これからはそうはいかなくなります。上から指示され、やるべきことをやっていればいいという考えは時代が許しません。

これからはチームの在り方が問われる時代です。

先行きが不透明な今日、自分はチームの中でどのような立ち位置にいるのか、メンバーと何を共有していくべきか、チームとして、社会にどう貢献していくか等々をメンバー全員で併せ考える必要があるのです。

スイミーな組織に例えると、どの方向から、どのくらいの大きさのマグロが、何匹こちらに向かっているのか？　仲間たちとどれくらいの大きさの魚のふりをすればいいのか？　背びれの役目は誰と誰がする？　尾びれの役目は誰と誰がする？　自分の役割は？

そういったことをメンバー1人ひとりが自問自答をして、なおかつ、みんなで共有し、対話する時代になってきているのです。

チームに対する不安や不満は裏を返せば「もっと良くなりたい」という思いの表れです。それは、チームが変身を遂げる上でのエネルギーとなるのです。

そう、そのエネルギーをうまく活用することができれば、チームは新しいステージへと進化します。

チームの本質的な課題に対する問いかけは、ゲームダイアログの対話のテーマとなります。その問いかけに安心して向き合えるポジティブな場があれば、陰性感情もプラスに変えていくことができるのです。

そして、そのポジティブなエネルギーが、後述する〝遊び〟がきっかけで生まれるようになるとしたら、あなたは、チームを動かす魔法の杖を手に入れることになります。

さあ、ここまで「何がチームを崩壊させるのか?」を見てきました。チームは常に揺れ動いており、簡単に壊れてしまうもの。

だからといって、恐れることはありません。これらは学びであり、成長の糧となるものです。

さまざまな事実を理解した上で、あなたは、あなたがつくり出すチームを考え始めましょう。

第3章

チームをつくる鍵は何だろう？

チームって、何だろう？
同じ志を持ち、同じ目標を目指す仲間のこと？
それとも、心がつながっている感覚？
チームを想像してワクワクする感情は、
どこからくるのだろう？
常識や固定観念はいったん手放し、
ゼロから考えてみよう。
あなたのつくりたいチームが見えてくるはず。

1 まずはコミュニケーションを取り戻す

人間関係を示す4つの窓

改めてお尋ねしますが、停滞しているチームを復活させる上で大切なことは何だと思いますか？

共通の目的を持つこと、団結力を高めること、役割分担を明確にすること……等々、いろいろ挙げられると思いますが、まずは「コミュニケーションを取り戻すこと」です。

心理学に「ジョハリの窓」というものがあります。これはジョー・ルフトとハリー・イングラムという2人の心理学者の名前を組み合わせた造語で、彼らによると、人の心の領域は**図3－1**に示す「4つの窓」に分類できるといいます。

左上「開放の窓」は、自分も他人も知っている領域のこと。左下「秘密の窓」とは、自分は知っているけれど、他人には知られていない領域のことをいいます。

右上「盲点の窓」は、自分は気づいていないけれど、他人からは見えている領域のこと。右下「未知の窓」は、自分も他人も知らない認識できない領域のことをいいます。

「盲点の窓」が人間関係のもつれをつくる

この４つの窓と人間関係は、密接な関係にあります。

図３－１　ジョハリの窓

	自分は知っている	自分は気づいていない
他人は知っている	**開放の窓** 自分も他人も知っている自己	**盲点の窓** 自分は気づいていないが、他人は知っている自己
他人は気づいていない	**秘密の窓** 自分は知っているが、他人は気づいていない自己	**未知の窓** 誰からも知られていない自己

まず「開放の窓」に改めて注目してみましょう。

例えば、Aさんが「自分はデザインのセンスが悪い」と自覚しており、同僚たちも同様の認識をしていたとします。

ある日、社内コンペが行われることになり、メンバー全員がそれぞれデザイン案を考えることになりました。Aさんもいくつかのデザインを提案しましたが、残念ながら1つも採用されませんでした。

しかし、この時Aさんは「自分はデザインセンスが悪いから仕方がない。今度は得意分野で頑張ろう」と、それなりに納得できると思います。

他方、問題となるのは「盲点の窓」。同僚たちは「Aさんはデザインのセンスが悪い」と認識していて、Aさん本人が自覚していない場合です。

先述した社内コンペのシチュエーションで、Aさんの案は1つも採用されず、他の同僚のデザインばかりが採用されたとします。

「あんなに頑張って良いデザインを提案したのに誰一人評価してくれない。メンバー全員が私に意地悪をしているのかもしれない」と、Aさんは同僚たちに敵意を持つ可能性もありえます。

そうなると、Ａさんのそんな思いが表情や言葉づかい等に表れます。すると同僚たちも「Ａさんは接しづらい」と感じるようになり、距離を置こうとします。

こうして悪循環に陥り、人間関係のもつれ、ひいてはコミュニケーションに支障をきたす原因となるのです。これは認識のズレがもたらす悲しい結果です。

話すことと伝わることは違う

コミュニケーションを図るのは難しい――その根本を探っていくと、考え方や価値観の違いが大きく関係しているといってもいいでしょう。もっと細かくいえば、その人が感じるもの、五感、性格、年齢、性別、生まれ育った環境なども含まれます。

第1章で挙げたように、ＡさんとＢさんが外の景色を見て、「きれいですね」と口にしたとしても、Ａさんは花を見ており、Ｂさんは女性を見ていることもあります。

また、ＣさんとＤさんが一緒に旅行をして、「この旅館、いいな！　再訪したい」と意気投合した場合も同じです。Ｃさんはサービスや料理が気に入り、Ｄさんは立地や温泉が気に入ったのかもしれません。そうなると、再訪の理由が違ってきます。

チームにも、まったく同じことがいえます。

「私は日頃からチームのメンバーと会話を交わしているから、コミュニケーションの問題はない」と思っているかもしれません。

でも、同じ言葉を使っても、互いに考えていること、感じていること、見ているもの、目指していることが違う場合が往々にしてあります。そこからもつれが生じ、コミュニケーションに支障をきたすこともあるのです。

「話したこと」と「伝わること」は、まったくの別物なのです。

みんな、見ている世界が違う

こうした観点からいうと、チーム間に意識のギャップはつきもので、いつも起こっていると考えたほうがいいでしょう。

「彼（彼女）と意見が合った」「メンバーたちと情報が共有できた」と思っていても、そこには大小さまざまなズレが生じている可能性があるのです。

したがって、メンバーとのチューニングを合わせ、ギャップを埋める努力をすることが何よりも大切になってきます。

「自分は○○についてこう感じているが、メンバーたちはどう感じているのか？」
「□□について、自分はこう捉え、こう認識しているが、部署の仲間はどう捉え、どう認識しているのか？」

こうした問題意識を持つだけでも、ギャップは埋まってきます。

また、これは特にリーダーに意識していただきたいのですが、ギャップが生じた時、「全然、伝わってないじゃないか……」といたずらに失望したり、感情的になったりする必要はありません。コミュニケーションをとり、相手の考えを認め、受け止め、許容する寛容さを磨くことができれば、道は開けてきます。

みんな、それぞれ、見ている世界が違う。コミュニケーションのすれ違いは、当たり前。その前提でメンバーと接していけば、おのずと寛容になっていけるはずです。

そして、朗報は、人はコミュニケーションをとればとるほど、自分で考え、主体的になり、チームのエネルギーは高まっていくという法則です。

2 チームの構成要素を知る

目的はあるけれど、チームが機能しないワケ

ところでチームを構成する要素とは何だと思いますか？

これは、おおまかに4つあります。

1つ目は、目的です。

「子どもでも安心して食べられる栄養食品を開発するため」、「お年寄りが安心して暮らせる町をつくるため」など、「何のために集まっているのか？」という、チームが存在する意味・理由と解釈してもいいでしょう。

2つ目は、メンバーです。

メンバーの中にはベテランもいれば、若手社員もいるだろうし、性別や学歴など、

さまざまです。

３つ目は、ルールです。

会議の進行方法や就業規則等の行動規範がこれにあたります。ルールには目に見えるルールと暗黙のルールも存在します。

そして、４つ目の構成要素が、コミュニケーション。

ここがチームの要となります。目的があって、メンバーが集まって、ルールがあったとしても、コミュニケーションですべてが機能しなくなるおそれがあるからです。目標を掲げても、誰も見向きもしない。メンバーといっても名ばかりのただの集まり。ルールなんて、あってないようなものになってしまいます。

チームが機能していないと悩んでいる人は、コミュニケーションを見つめ直してみませんか。

3 「どんなチームを目指すのか？」を描く

チームには4つのタイプがある

私が広めている「アチーバス」というゲームでは、ゲーム終了後、チームレベルを**図3-2**の4つに分け、判定します。

「ただの集まり」になった参加者たちは「ウソー、冗談でしょう」と苦笑いをする人もいれば、残念がる人もいます。

「偉大なチーム」になろうものなら、もう大変。誇らしげにガッツポーズをする人もいれば、「やったー！」と言いながら、もろ手を挙げて大喜びする人もいます。

しかしながら、これはゲームの中での話です。

では、本物の偉大なチームとは、いったいどんなチームなのでしょうか？　どんな特徴があるのでしょうか？　どうすれば、偉大なチームになれるのでしょうか？

ここからがゲームダイアログの探求の始まりです。

あなたも自分に当てはめて、考えをめぐらせてくださいね。

チームがゾーンに入った状態

ナポレオン・ヒルの成功哲学には、「マスターマインド」という言葉が出てきます。この言葉は偉大なチームを探究するきっかけになるはずです。

私はこのマスターマインドとは、

図３－２　チームレベル４段階

Level 4	偉大なチーム
Level 3	素晴らしいチーム
Level 2	平均的なチーム
Level 1	ただの集まり

チームがゾーンに入った時の状態、つまり、最高のパフォーマンスを発揮する状態だと考えています。

マスターマインドとは、もともと2人以上の共通の目標や願望を持った人の集まりのことをいいます。マスターは「主人」、マインドは「心」。つまり、「主人の心」、「心の主人」と訳せます。

同じ思いを持った人たちが心を合わせた時に、そこから生まれる大きなパワーと解釈してもいいでしょう。

このマスターマインドの力がいかにすさまじいかについて、ナポレオン・ヒルは著書『思考は現実化する』の中で次のように述べています。

「二つ以上の頭脳が調和のとれた協力をするとき、一つの頭脳よりもはるかに大きなエネルギーを生み出すことができる」

単純にチームを考えたなら、「1＋1＝2」ですが、実際は足を引っ張り合ったりして、「1＋1＝0.6」とか「1＋1＝0.7」になってしまう場合もあります。

しかし、ひとたびマスターマインドが形成されようものなら、足し算を超えた働きが生じ、「1＋1」が3にも5にも10にも、いや、それ以上にもなるのです。

別の観点からいうと、３人のチームメンバーがいて、３つの別個の心があるとしたら、共通の目的を目指して心が合わさった瞬間、全体を統括する４つ目の「主人の心」が誕生。完全調和のもと、最高のパフォーマンスが発揮できるというわけです。

成功の陰にあったマスターマインド

マスターマインドを形成することで成功をおさめた例は、古今東西を見渡すと、たくさんあります。例えば、20世紀を代表する音楽グループのビートルズがそうです。ジョン・レノン、ポール・マッカートニー、ジョージ・ハリスン、リンゴ・スターという４人の才能あるメンバーが「今までにない斬新なロックミュージックを世に送り出そう」と心を合わせた時、ポピュラー音楽全般に強い影響を及ぼすことに成功。史上最も偉大なグループとして、高く評価されるようになりました。

企業家でいえば、自動車王のヘンリー・フォードも好例といっていいでしょう。

フォードは晩年、1人の新聞記者から「無知な理想主義者」と記事に書かれ、裁判になりました。法廷では次のように答え、その場の誰もが納得したといわれます。

「私の机の上にはたくさんのボタンがある。そのボタンのいずれかを押せば、その時に必要な専門家の仲間がいつもサポートに来てくれる。その中には法律に精通している者もいれば、税務に精通している者もいる。素晴らしい企画を立案してくれる者もいる。技術のエキスパートもいる。私はどのボタンを押せば誰が来るのか、そのボタンの押し方だけを知っていればよいのだ」

つまり、仲間と協力し合う関係をつくることができれば、自分には能力がなかったとしても、偉大なことを成し遂げられるのです。

私も同じです。プロローグでもお伝えしたように、E判定だった私が東大に合格できたのも、仲間のおかげです。アチーバスというゲームを全国に普及させることができたのも、全国のトレーナーの仲間たちのおかげです。仲間の存在なくして、大きなことは達成できません。

4 過去の成功体験を脱ぎ捨てる

失敗から学び、成長するチーム

偉大なチームに変身を遂げる上で、もう1つ大切なこと。それは「過去の成功体験を脱ぎ捨てる」ということです。

かつてプロジェクトで成功した、売り上げ目標を達成したなど、過去に成功体験を味わえば味わうほど、新しいチャレンジができなくなっていきます。

チームによっては現状維持に固執して、過去に成功したやり方だけを繰り返してしまう場合もあります。これはチャレンジ精神の減退を招きます。その状態が続くと、チームの成長も止まってしまいます。

そうならないためには、ある方法で目標を達成したとしても、それに固執せず、新たな願望や目標を掲げた時に、まったく新しいやり方でチャレンジできる、柔軟な心を持ったチームをつくることです。

そう、いつでも新たな成功体験ができる状態を調えてほしいのです。

よい例が、カップラーメンでおなじみの日清食品です。

日清食品は当初チキンラーメンの開発に成功。しかし、その成功に執着しませんでした。今度は鍋がなくても、もっと気軽に食べられるインスタントラーメンの開発を目指しました。それが、カップにお湯を注ぐだけで食べられるカップヌードルの誕生につながりました。

さらに、日清食品はここでも満足しません。次に目指したのは、いろいろな味が楽しめるカップヌードルの開発でした。シーフード味、カレー味、味噌味……、そのどれもがヒット。皆さんも一度くらいは食べたことがありますよね。

デジタルのゲームやソフトの開発・販売で大きなシェアを占めている任天堂も同じです。

任天堂がもともとアナログの玩具を販売していたのはご存じですか？　実は、花札やトランプなどのカードを扱っているゲーム会社でした。

しかし、カードゲームが１９６０年代に衰退し始めた頃、いち早く、まだ十分に手がつけられていなかったエレクトロニクス玩具の開発を始め、ファミリーコンピューターを発明したのです。

アナログが売れた成功体験にしがみついていたら、今の任天堂はなかったでしょう。

こうした日清食品や任天堂の姿勢を大いに見習い、私たちも過去の成功にとらわれることなく、時代や状況に合わせて、新たな目標を掲げたいものです。

過去の成功体験を脱ぎ捨てるというのは、成長するためのチャレンジなのです。

偉大なチームは、失敗を受け入れ、そこから学び取る

言うまでもないことですが、チームがいつも順調にいくとは限りません。山あり谷ありで、時には嵐や吹雪のような現象に遭遇することもあるでしょう。

「新規プロジェクトが暗礁に乗り上げてしまった……」

「一生懸命、頑張ったが、プレゼンが通らなかった」

「売り上げがノルマの半分にも達しなかった」等々。

こういう時、メンバーに焦りや苛立ちの気持ちがあると、物事が余計にうまくいきません。

では、どう考えたらいいのでしょうか？

「人生と同じで、チームにも問題はつきもの。それが成長のきっかけとなる」と考えるのです。

私の友人に、30年にわたって家族に関するいろいろな調査を続けてきた、おがわたかしさんという人がいます。彼は、「問題のない家族は存在しなかった。でも学ぶ家族になることができる」と言います。

チームにもまったく同じことがいえます。チームは家族のようなもの。だから、いつも何かしらの問題がついて回ります。

だとしたら、問題をなくすというよりも、そこからメンバーと一緒に学ぶような風土を築いたらいかがでしょうか。

そう、問題が生じたら、特に失敗した時などは、それを受け入れ、教訓として明日の糧にするのです。すると、それがパワーとなります。解決策を講じることもできるし、創意工夫をこらすこともできます。

「成功を祝うのはいいが、より大切なのは失敗から学ぶことだ」

これはビル・ゲイツの言葉ですが、いつも成功しているだけが、偉大なチームとは限りません。問題（失敗）を受け入れ、そこから何かを学び取り、明日の進化に向けてエネルギーの糧にしようとするチームこそが、真に偉大なチームなのです。

5 チームの流れを変える言葉と体験

ポジティブな言葉がチームにエネルギーを与えてくれる

失敗から学び、成長し続けるチームをつくる――そのためにはチームのリズムや流れを変えていく必要があります。

難しいことのように思えますが、決してそんなことはありません。チームのメンバーがポジティブになるような言葉がけをすればいいのです。

例えば、「いいね」、「ナイス・チャレンジ」、「やればできる」、「オレたち、すごい！」、「未来は明るい」、「私たちって最高のチーム」といった言葉です。

ちなみに、私が会社勤めをしていた頃、チームの合言葉がありました。

For the Victory（勝利のために）
For the Team（チームのために）
Yes! I Can!（私はできる）
Yes! You Can!（あなたはできる）
Yes! We Can!（私たちはできる）

「言葉には人を一変させる力がある」――これはアメリカの宗教家であり自己啓発作家のジョセフ・マーフィーの言葉ですが、ポジティブな言葉を投げかけてあげると、チームの雰囲気もポジティブになります。

勇気・希望・やる気・活気・元気といった波動が生まれ、それがリズムを打つようになります。すると、そのリズムがエネルギーとなって、チームの流れをより好ましい方向に変えてくれるようになるのです。

言葉を超えた体験の力

一方、言葉が通じない状況もあります。

たびたびお伝えしてきましたが、人によって同じものを見ていても、見ている対象物や考えていることが違っていると、コミュニケーションにズレが生じてしまうことがあります。また、生まれ育った環境や、これまでに経験してきたこともそれぞれ違うため、語り合ったからといって、お互いのすべてがわかり合えるとは限りません。

つまり、「コミュニケーションそのものが難しい」というのが実際のところなのですが、その状態ではチームは育ちません。

ここで有効なのが、頭の理解を超えた体験共有です。

何かを一緒に体験すると、メンバーの認知の枠組みが変わると同時に、コミュニケーションの土台ができ上がります。働き方だけではなく、気持ちや感情を共有することが、チームの基礎をつくり上げるのです。

では、何を一緒に体験共有すればいいのでしょうか。

それは登山でもよいですし、釣りでも構いません。楽しみながら自然と学べる要素があるものや、チームで体験できるものが望ましいです。

これを私の恩師は「一見、無駄に見える有効な無駄」と言います。

「仕事＝生産性」という枠組みの中で行う限り、頭だけで考えることになりがちです。

しかし、仕事以外の〝楽しい何か〟を体験共有すれば、その枠組みが外れます。すると心で考え、心で会話ができ、お互いの理解を深めることができます。

例えばバーベキュー大会であれば、みんながそれぞれの役割を果たして楽しめたとしたら、達成感も共有でき、会話に花を咲かせることもできます。

「おいしかったね。またやりたいね」
「みんなでワイワイ言いながら食べるのって、最高だね」
「今度はシーフードもたくさん用意するよ」
「じゃあ、私はタコ焼き器を持ってくるわ」
「次回はどこでやろうか。今回は河原だったから、別の場所もいいね」

こういう時の参加者は、みんなワクワク感と爽快さで心がいっぱい。それは仕事での成功を無意識に予感しているからにほかなりません。みんなで成功の先取り体験をしているのです。

この体験共有で得た感覚が、実際の仕事にも生かされるようになり、結果、チームの流れが変わるようになっていきます。

さあ、あなたも仕事以外の〝楽しい何か〟を体験共有することを、メンバーに提案してみてはいかがでしょう。バーベキュー大会のほかにも、ハイキングやボウリング大会など、いろいろ考えられますよ。

ゲーム体験が共鳴・共感をつくる

〝楽しく自然と学べる何か〟を体験共有すると、メンバーの認知の枠組みが変わり、それが実際の仕事にも生かされるようになると述べました。このセオリーをもとに編み出されたものが、ゲームダイアログです。

ゲームダイアログは、チームビルディングにゲームを取り入れたもので、ゲームを通して職場のビジョンを共有しながら、対話によって思いやりやリーダーシップを育む方法です。

職場の仲間に対して、「仲間」という意識が芽生え、社員同士がつながります。

そうです。「ゲームをしている過程ですれ違いが起きたり、失敗したりすることもあったけれど、最終的にはみんなの心が合わさって、ゴールにたどり着くことができた」という達成感を味わうことができ、その感覚が仕事にも生かされるようになります。

そして、チームに対するビジョンも生まれるようになります。具体的には、「ゲームをやって共通のゴールを達成した時の気分は最高だ。このよろこびや快感を仕事でも、メンバーたちと共に味わいたい」と各自が無意識レベルで共鳴・共感したならば、職場でも共通の目的を持つことに抵抗がなくなり、心からその目的を目指すようになるのです。

そうなれば、しめたもの。チームのリズムや流れが変わらざるをえなくなり、チームが変身を遂げるのは時間の問題となるのです。

6 リーダーからファシリテーターへ

ここで、チームをつくるあなたの在り方におけるポイントをお伝えします。

それはあなたがメンバーたちに「ああしなさい、こうしなさい」と、指示する立場から、メンバーの意見を引き出して方向づけをするファシリテーターになっていくことです。

リーダーが指示してしまうと、メンバーたちは義務感にとらわれ、やらされ感がぬぐえなくなり、主体性が失せてしまいます。中には「頭ごなしにリーダーから命令されると、気持ちよく仕事が進められない」と、反発心を抱く人もいるかもしれません。

だから、メンバー全員が、モチベーションを高め、自分の意見をフレキシブルに言えるような場をつくることが大切になってきます。

つまり、リーダーというよりも、ファシリテーターとしての立ち位置を意識してほしいのです。

どうしても指示する体質が抜けない場合は、外部のファシリテーターを依頼したほうがよい場合もあります。

ファシリテーターは、メンバー１人ひとりの本音を引き出すように努める。

メンバーの誰かが「私ならこのように改善したい」「ボクならこうしたい」と自分の意見を口にしたら、それらを上手に共有して、チームのエネルギーに変えていきます。

意見が割れたら、中立の立場で調整を図る。

話がそれそうになったら、軌道修正を図る。

そうしてみんなの思いをつむいでいくのが、ファシリテーターの役割であり、これからのリーダーの在り方なのです。

7 チームを「家族」の視点で考える

日本を代表する経営者である故稲盛和夫さんのフィロソフィの1つに「大家族主義経営」というものがあります。

私たちは、人の喜びを自分の喜びとして感じ、苦楽を共にできる家族のような信頼関係を大切にしてきました。

これが京セラの社員どうしのつながりの原点といえます。

この家族のような関係は、お互いに感謝しあうという気持ち、お互いを思いやるという気持ちとなって、これが信じあえる仲間をつくり、仕事をしていく基盤となりました。

家族のような関係ですから、仲間が仕事で困っているときには、理屈抜きで助けあえますし、プライベートなことでも親身になって話しあえます。
人の心をベースとした経営は、とりもなおさず家族のような関係を大切にする経営でもあるのです。

（稲盛和夫 OFFICIAL SITE「大家族主義で経営する」より）

稲盛さんのこの経営哲学を聞くと安心感を覚えます。私は、仲間はみんな家族だと考えるとうまくいくのではと考えています。もちろん、線引きは自分を守るために必要なこと。でも、稲盛さんが唱えるように、お互いに感謝し合う気持ち、お互いを思いやる気持ち、そして仲間が仕事で困っている時には、理屈抜きで助け合うという在り方は、チームを強くします。

家族のようにチームのメンバーに接していく

あなたの子どもが高熱を出して寝込んでしまったら、どうしますか？
病院に連れていくなどして、看病しますよね。高齢の両親や祖父母が体調を崩した時も、病院に付き添いませんか。内心「イヤだな」「面倒くさいなあ」と思ったとしても、です。

では逆に、あなたが子どもの頃、風邪をひいて寝込んだ時はどうでしたか？　お父さんが病院に連れていってくれたり、お母さんが看病してくれたりしませんでしたか？

そう、家族が困った時は、それを受け入れ、理屈抜きで助け合ってきたのではないでしょうか。

その感覚は、言い換えると「愛」や「思いやりの心」です。

誰かが困っていたら、フォローに回ってあげる。

悩み事を抱えているようであれば相談に乗ってあげる。

自分1人では手に負えないようなことであれば、他のメンバーと相談して、対処策を講じる。

こうしたことをメンバー各自が心がけることができれば、家族のような安心安全な場が育ち、トラブルやアクシデントに遭遇した時も、それを受け入れ、柔軟に対応し、仲間と乗り越えることができるはずです。

さあ、以上でチームをつくる鍵は出そろいました。
いよいよ成功するチームをつくるプロセスに入っていきます。

第4章
成功するチームをつくるプロセス

私たちは備えておく必要がある。
それは、「嵐が吹く」ということ。
でも、嵐が過ぎ去った向こう側に、
仲間とよろこび合う世界が待っている。
さあ、成功するチームをつくり始めよう。
チームは自然に育っていくのだから。

1 第3の場所をつくる

さあ、いよいよ成功するチームをつくるプロセスを描く時がやってきました。

少し矛盾しているように聞こえるかもしれませんが、成功するチームをつくるには、まず失敗できる場所を用意することです。

うまくいった人ほど、失敗を恐れて行動ができなくなったり、過去の成功体験から学んだやり方を繰り返すことしかしなくなるのも、このためです。

失敗できるようになるには、現場から少し離れた「第3の場所」をつくることです。

そこは遊びが許される、そして心から語り合える安心・安全の場です。

「評価におびえることなく、自由に、安心して語り合うことができる場所」を持つことで、チームを振り返ることができます。それがチームを育てる鍵なのです。

2 チームのゴールを描く

成功するチームとはどのような状態でしょうか？
メンバー同士常にわかり合っている状態かというと、必ずしもそうとは限りません。もちろん、お互いを理解し合おうとする姿勢は大切ですが、実はほかにもっと大切なことがあります。それは何だと思いますか？
ヒントは『星の王子様』でおなじみのフランスの作家・サン＝テグジュペリの次の言葉の中に隠されています。

愛はお互いを見つめ合うことではなく、ともに同じ方向を見つめることである。

「お互いを見つめ合う」は、チームに置き換えると、メンバー同士がお互いにわかり合うこと。でも、それはチーム本来の目的ではありません。

チーム本来の目的は、ビジョンを明確にし、メンバーの心が1つの同じビジョンに向かって働くことにあります。

つまり、ただの集まりが、偉大なチームに変身を遂げる瞬間とは、メンバーのみんなの願望や目標の達成に向けて、心が合わさった時に起きるものなのです。

それもリーダーが「こうしよう」と言って、メンバーがそれに従うよりは、メンバーみんながビジョンに共鳴共感した時に可能になるのです。

いつもウィンウィン（win-win）にならなくてよい

21世紀に入ってからでしょうか。ビジネスの世界では「ウィンウィン（win-win）」という言葉が頻繁に飛び交うようになりました。

「ウィンウィン」という言葉を直訳すると、「相手も勝ち、自分も勝つ」という意味です。取引等において「双方どちらも得をする取引」を指す場合にたびたび用いられます。

個人同士ではとても重要で望ましい原則かもしれませんが、成功するチームをつくる視点で考えると、ウィンウィンすら問題にならない状態が偉大なチームです。

もちろん、いつもウィンウィンであることは望ましいです。しかし、メンバーが3人、４人……と増えれば増えるほど、全員がウィンウィンの状態を保つのは、極めて難しくなります。

「チームはいつもウィンウィンでなければならない」という義務感にとらわれていると、リーダーは調整に時間を取られることになります。

つまり、完全にウィンウィンを実現するのは難しいのです。だからこそ、チームで助け合うのです。

数字目標を軽々と達成する人もいれば、取引先の都合により苦戦する人もいるでしょう。元気いっぱい仕事に全力投球できる人もいれば、健康面で不調が生じたり、育児や介護等のプライベートの事情によって仕事に全力で打ち込めない人もいるでしょう。

だからこそ「みんな、いろいろと抱えるものがあるかもしれないけれど、最終的には、私たちみんなの共通の願望や目標が達成できればいいよね」という方向に転換することを目指すのです。

そう、個人個人の状態がどうあれ、みんなが少し長期的に見て、同じビジョンに向かう姿勢があれば、「困った時はお互い様」と寛容になれます。

誰かがルーズ（不調）の時があっても、元気な人が頑張ればよいのです。お互い信頼し合えるし、自由に、マイペースに、その人特有の力が発揮できるようになります。

意見が衝突しても、ゴールが同じなので、対立したまま終わることはなく、どこかで必ず統合されるようになります。

これがただの集まりや平均的なチームから偉大なチームに変身を遂げていくポイントです。

3 チームのステージの変化

チームは4つの段階を経て成長していく

これで、成功するチームをつくる準備とゴールが明確になりました。今度は、成功するチームをつくるプロセス、ステップ、つまり道を明確にする必要があります。

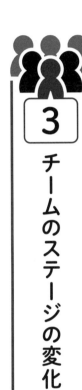

それでは、チームはどのように生まれ、成長するのでしょうか？

図4―1は、心理学者のブルース・W・タックマンが提唱した組織の成長の段階を示したモデルで、4つのステップを段階的に踏んでチームは成長していくというものです。

各ステップを詳しく見ていきましょう。まず第1段階の形成期（Forming）は、メンバーが集まったばかりの段階です。まだメンバー同士、お互いのことをよく知らず、共通の目的もわからず、暗中模索している状態をいいます。チームレベルに当てはめると「ただの集まり」です。

次の混乱期（Storming）は、お互いが安心して言いたいことが言えるようになった状態です。チームの目的や各自の役割に基づいて本音で議論をするため、メンバー同士で主張が異なったり、意見がぶつかり合ったりして、対立が生まれる状態をいいます。これは「平均的なチーム」に当てはめられます。

第3段階の統一期（Norming）では、意見や対立を乗り越え、行動規範が確立します。メンバー全員がお互いの考え方を受容し、チームの中での役割が明確に

図4－1　タックマンモデル

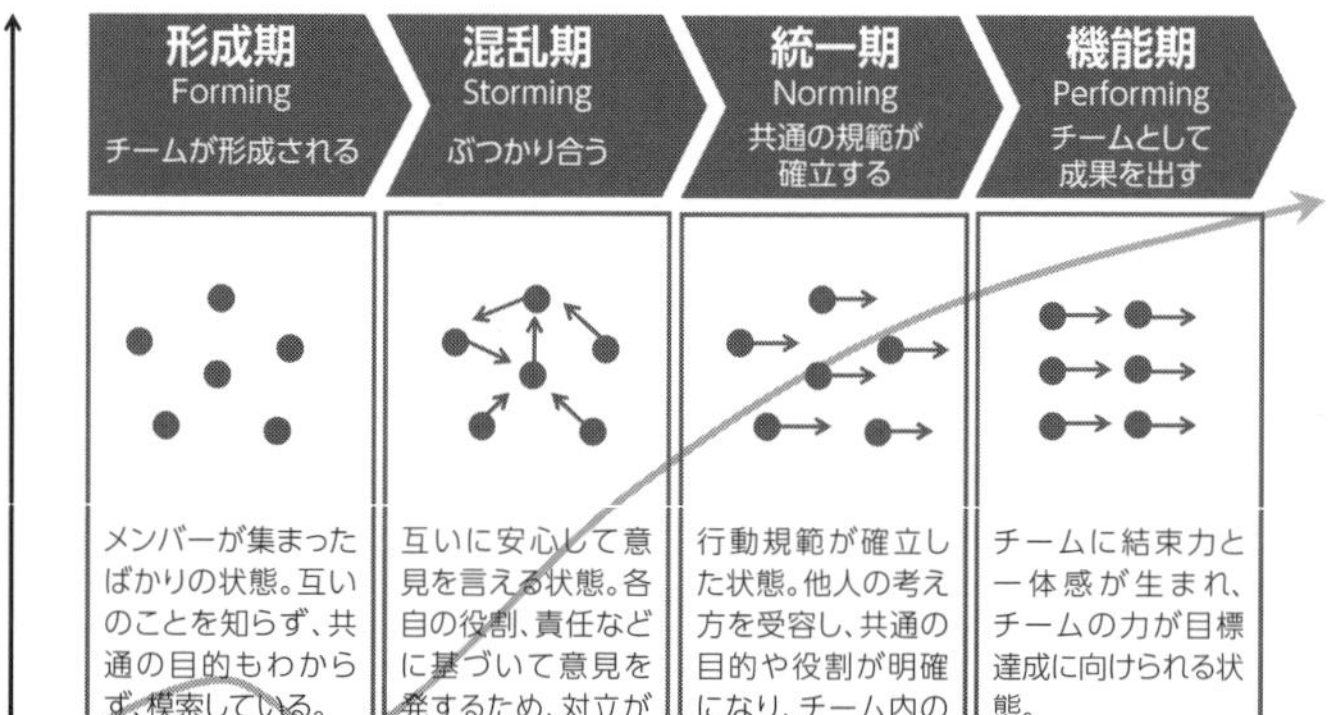
互いに安心して意見を言える状態。各自の役割、責任などに基づいて意見を発するため、対立が生まれる。
行動規範が確立した状態。他人の考え方を受容し、共通の目的や役割が明確になり、チーム内の関係性が安定する。

なることで、チーム内の関係性が安定し、力を発揮できる準備が整った状態をいいます。これは「素晴らしいチーム」といえるでしょう。

そして最後の機能期（Performing）。これはチームに結束力と一体感が生まれ、チームの力が目標達成に向けられる状態をいいます。この機能期（Performing）まで到達できれば、チームとしての成果が出るのは時間の問題となります。これが「偉大なチーム」といえるでしょう。

ここで重要なのは「今、チームがどの状態か？」を観察し、「何をするべきか？」を導き出す必要があるということです。

必ず訪れるチームの嵐

この４つのステップを段階的に踏めば、理想的なチームビルディングが実現できるわけですが、最後の機能期（Performing）に至るまでの間に、大きな壁として立ちふさがる段階があります。

どの段階だと思いますか？　なんとなくおわかりいただけるかもしれません。そう、混乱期（Storming）です。

どんな目的・方針でプロジェクトを進めていくか？　A案で進めていくか、それともB案で進めていくか？　誰が何を担当するか？　こうしたことを話し合い、決めていく過程において、意見のぶつかり合いや対立はつきものです。時には激しい口論に進展してしまうこともあるでしょう。

前述したように、1人ひとりの考え方や価値観、性格、年齢、生まれ育った環境等が異なるため、これは致し方ないことです。しかし一歩間違えると、これが原因でチーム崩壊の危機に直面しかねません。

「A案で進めていくべきだ」
「いや、ボクはそうは思わない。B案でいくべきだ」
「キミはわかっていないな。B案にはこんなにリスクがあるんだぞ」
「それを言うなら、A案も同じだ」

こうした討論をするうちはまだマシなほうで、ひどくなると会話すらしなくなり、

「あいつとは水と油の相性だから、一緒に仕事なんかしたくない」と思うようになります。

こうなると、仕事がうまく回らなくなるのは目に見えていますよね。リーダーも、どうすればいいかわからなくなります。チームにとって、まさしくピンチといっていいでしょう。

みんなで共通のビジョンを描けるかが鍵

だからこそ、この混乱期（Storming）に達した時は、お互いが考えていることをすり合わせ、納得いくまで話し合いを続けることが重要になってきます。

「A案にはこういうメリットがあり、B案にはこういうメリットがある」
「C案にもメリットがあるよね」
「では折衷案として、こういうのはどうだろう」
「なるほど、それならばうまくいきそうな感じがする」

「ボクもそう思う。キミは？」
「私も同じ。その場合、こうしたらもっと良くなるんじゃない？」

このようにメンバー全員が意見を口にして、お互いの意見も受け入れていけば、最終目的地に到達するための共通のビジョンがだんだんと見えてきます。さらに、メンバー各々の考え方や価値観などを理解・共有するように努めれば、共通のビジョンがより明確に、強く表れてきます。

ということは、この段階ではお互い遠慮せずに、とことん自分の意見をテーブルに出すことが重要になってくるのです。

ただ、こう言うと「とことん自分の意見をぶつけると、余計、ぶつかり合いや対立がひどくなるのでは……」と思う人もいるかもしれません。

確かに、その可能性もなきにしもあらず。でも、そうしたリスクを激減させ、安心安全な場を育てながら混乱期（Storming）を乗り越える方法があります。

それが、ゲームダイアログなのです。ゲームダイアログを上手に活用すれば、「みんなで協力し達成する」という前提を崩さずに自分や仲間を観察するゆとりを持ち、全体を俯瞰《ふかん》して、その場に臨むことができます。

しかもゲームですから、安心してチャレンジできる感覚を加えることで、創造的な対話が行えるのです。

そうなれば、メンバー全員がチームを意識しつつ、自由に発言ができるため、遠回りせずに、目標を達成できる最高のチームをつくり上げることが可能になるのです。

ピンチが強いチームを育てる

話を戻しましょう。混乱期（Storming）を乗り越えることができると、次は統一期（Norming）に移行します。

「じゃあ、これはボクが担当する。そっちは任せた」

「了解。あれはどうしようか？」

「あれは私が担当するよ」

共通のビジョンが明確になると、このようにメンバー全員が各自の役割を自覚。自身が持てる能力を最大限に発揮しようとします。ちょっとした意見の食い違いが生じても、大事に至ることはないので、チーム内の関係性は安定を保つことができます。

そして、機能期（Performing）に到達すると、チームに結束力と一体感が生まれ、それはパワーとなって目標達成に向けられるようになります。

「1＋1＝2」で終わることなく、成果は加速していきます。「1＋1＝無限大」を感じることができるでしょう。この段階を別名・トランスフォーミング（Transforming）ともいい、最高のチームへと変貌を遂げることが可能になるのです。

チームの器はこうして大きくなる

また、この機能期（Performing）の段階になると、チームは小さな成功体験を重ねることができるようになります。

すると、メンバーは達成感を味わうことができます。自信も湧いてきて、「やればできる」「この次も大丈夫」という思いが強くなります。

それを積み重ねれば積み重ねるほどメンバーの結束も高まり、目標達成は時間の問題となるのです。

それだけではありません。共通のビジョンの存在により、古い組織にありがちな嫉妬・ひがみといったマイナスの感情や無意味な競争心も薄れ、足の引っ張り合いもなくなります。

「彼（彼女）には独特の強みがある。それをどうにか生かしたい」
「みんなと協力してこの問題を乗り越えよう」
「困っているメンバーがいたら、フォローに回ろう」

むしろ、こういった肯定的な感情や、相手の成長を真剣に思いやるような考えを持つようになります。

そう、勝つためではなく、そこにいるメンバーと苦楽を共にしながら、一緒に成長しようとする思いが「志」となって共有されていくようになるのです。

それはとりもなおさず、チームの器が大きくなった証拠といっていいでしょう。

4 チームの成長を表す「春夏秋冬」

タックマンモデルは、チームの発達段階の状態を表すものでした。

私は、チームが成長していくプロセスを季節で表し、季節ごとに何に集中すればよいのか、その行動を明確にするモデルをつくりました（図4－2、図4－3）。

このモデルは、直観的に理解しやすいので、チームをつくる時に仲間とも簡単に共有できるものです。

冬：チームの構想を練る

チームビルディングの季節は冬から始まります。

冬は、仕掛け人たち、つまりあなたを含む発起人による準備の季節です。

ここでは現在の状況を踏まえ、あらゆる視点から自由に対話をして、「どこを目指すか？」というゴールを設定します。この時、春、夏、秋とチームの季節がめぐり、成功するチームの誕生のイメージをふくらませていきます。

このゴール設定を間違えると、あとでもう1回やり直しになります。

でも、大丈夫です。チームのゴールを設定すること自体が難しいのですから、何度でも考えて、つくり直せばよいのです。

冬のこの段階は、チームレベルでいえば、レベル1「ただの集まり」

図４－２　チームが誕生するプロセス「春夏秋冬」

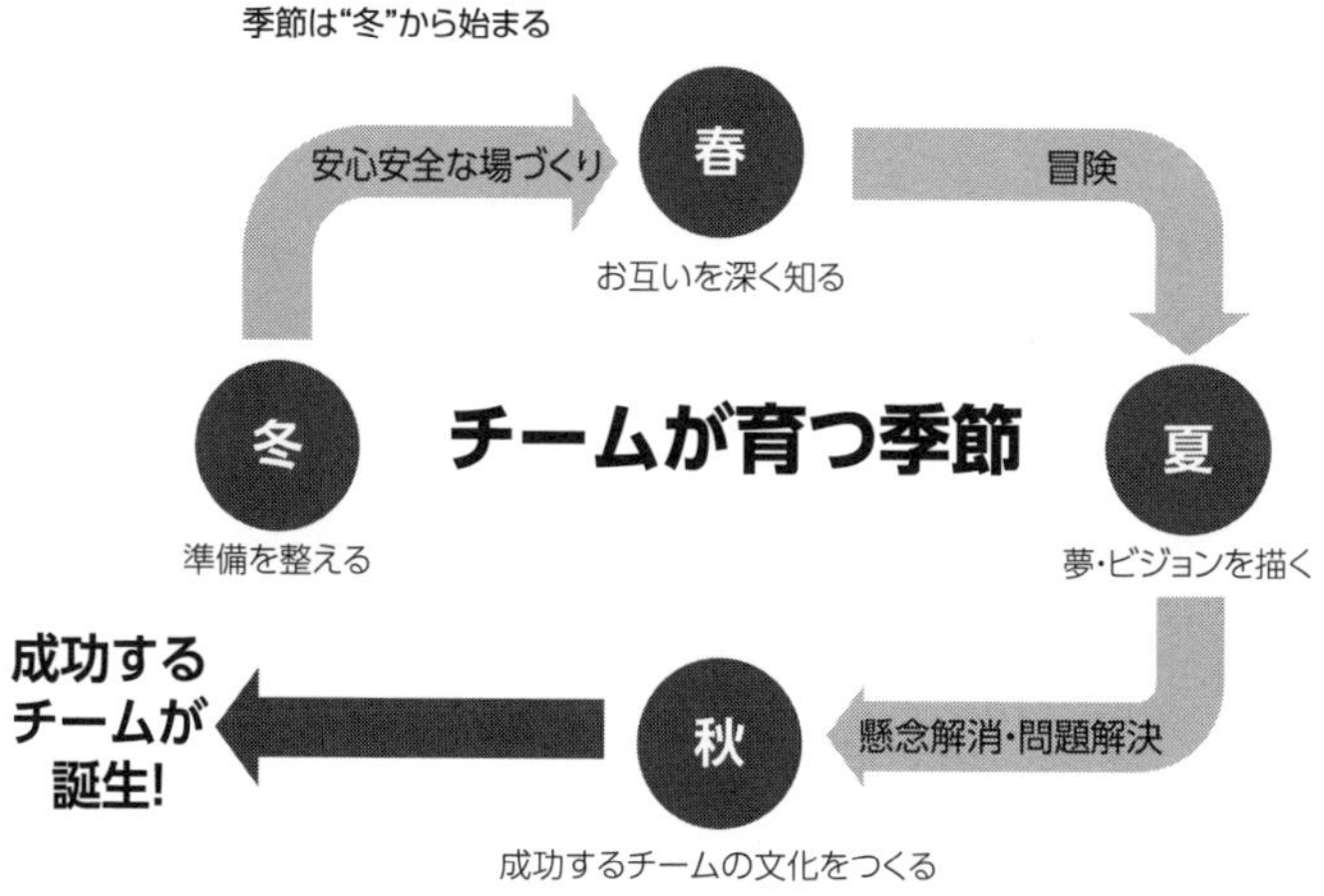

です。なぜなら、まだチーム自体には何も仕掛けていないからです。

春：心理的安全な場をつくる

いつまでも部屋の中で議論していてもチームはつくれません。

さあ、いよいよチームづくりの始まりです！

まずはコミュニケーションをとって、お互いを知るところから始めましょう。

図４－３　チームレベル「春夏秋冬」

秋	Level 4	**偉大なチーム** 継続的にインパクトを与える能力・文化・しくみ ビジョン実現に向かって行動し続ける 文化ができている	
夏	Level 3	**素晴らしいチーム** 同じ夢を持つ仲間 みんなで夢・ビジョンを描き、 できると信じて与え合う。	
春	Level 2	**平均的なチーム** 仲良しクラブ 心理的安全な場をつくり、 コミュニケーションを増やしていく。	
冬	Level 1	**ただの集まり** バラバラの個人 仕掛け人による準備。打ち合わせ。 想像をめぐらして考える。	

みんなが話しやすくなるには、現場とは別の「第3の場所」が必要です。評価や役職に関係なく、言いたいことが言える安全な場をつくることです。人は話せば話すほど、エネルギーが高まります。

逆に、言いたいことを言えなくなると、エネルギーを失います。

この春の段階は、レベル２「平均的なチーム」です。成功するチームというゴールからすると、まだ「仲良しクラブ」の段階です。

でも、それでいいのです。まずは仲良くなること。そして、お互い「どうなりたいのか?」を理解すること。そこから可能性を追究していきましょう。

夏：仲間と夢を描く

春が深まり、相互理解が進んだら、みんなが率直に話せるようになっているはずです。そうしたら、夢を描く準備が整っています。

この時、冬につくった仕掛け人たちの描いたチームのゴールをきっかけに、改めて仲間で夢を描いていきます。

大切なのは、みんなが自由に発言すること。そして、制限を外すこと。人は話せば話すほど、エネルギーが高まると同時に、自分の考えが整理され、チームの夢とつながっていきます。

こうして、みんなが与え合い、新しい「私たちの夢」ができ上がります。これを私は「メタドリーム」と呼んでいます。

個人個人の夢は異なっていても、メタドリームにおいては、みんなが「同じ夢を持つ仲間」になれるのです。

この夏の段階で、チームはレベル３「素晴らしいチーム」です。まだ「夢ができた」という段階で、現実的な結果が生まれていません。

ただし、ここでどれだけみんなの個人の思いを重ねて夢を描けたかが重要です。それがチームの大きなエネルギーとなるのですから。ここまでくれば、ゴールまで半分到達したようなものです。

秋：成功するチームが誕生する

チームで夢を描いた後、何が訪れるでしょう？

それは、「実際にできるのか？」という不安や、実現するための課題です。

秋は問題解決、そして懸念解消の季節です。夢が大きければ大きいほど、不安や課題もたくさん出てきます。不安は不安を呼びますので、ここで大切なのは、仲間と描いた夢を「できると信じる」ことです。

実は、不安がなくなれば、おおかたの問題は解決するのです。「どこにフォーカスするのか？」が大切です。「問題」にフォーカスしてしまうと、問題が大きくなります。「解決」にフォーカスして、行動し続けましょう。

描いた夢がチームのものとなり、問題解決力が習慣化した時、成功するチームの文化は誕生します。成功するチームの文化とは、個人の能力を引き出し、メンバーが力を発揮しやすいしくみもつくり出すことができます。

これが実りの秋。「成功するチーム」の誕生です。そして「偉大なチーム」の始まりです。

一生、春で終わるただの集まり

この季節のことを理解していないとどうなるでしょう。図4－4に現象をまとめました。

「心理的安全が大事だ」と言われて、仲良くなるだけで終わってしまうと、一生春のままです。マンネリ化した「仲良しクラブ」の関係のまま、何も起こせずに終わりを迎えてしまいます。

いきなり夏から始める強引なチーム

熱いリーダーが陥りがちなのは、いき

図4－4　「春夏秋冬」プロセスを無視した場合

一生、春のまま	・仲良くなって終わる ・マンネリの関係で終わる ・何も起こらない
いきなり夏から入る	・メンバーは引いてしまう可能性あり ・理念の押しつけ ・指示待ちになる ・実質、1人での運営になる
春から秋に飛ぶ	・納得感がないまま行動する ・やらされ感が強くなる ・途中で人間関係が壊れる可能性あり

なり夏から始めようとすることです。メンバーはまだ安心の場ができておらず、言いたいことが言えません。これではリーダーの夢の押しつけとなってしまいます。

チームの夢はふくらまず、本質的にリーダー１人のボスマネジメントと指示待ちの風土を強化し、創造性のない、見せかけのチームができ上がります。

春から秋に飛び、関係が壊れる

みんなが仲良くなり、関係性ができたところで「これをしなさい」と、上司から行動の指示をされる。これは、夏を飛ばしています。

チーム内に人間関係ができていれば、指示に従って行動には移すかもしれません。しかし、そこに夢がないから、行動に対する納得感もなく、やらされ感が強くなります。結果的に、せっかくつくった春の人間関係も壊れてしまう可能性があります。

このように、季節をよく理解してチームに働きかけることが大切です。

雨が降り、嵐が吹くこともある

自然界は何が起こるか、わかりません。チームから離脱する者が現れて、悲しい気持ちの雨が降ることもあります。取引先のクレームの嵐に遭遇することもあります。また、上司の怒りに触れて、雷が落ちることもあります。

そんなさまざまな脅威に負けずに成功するチームとなり、成果を仲間とよろこび合えた時、あなたは幸せと感動を得るでしょう。

このようなチームの成長の全体像と、その時の状況を理解したならば、ゲームダイアログをする上でも、「今の状況で効果的な遊びは何か?」、「どんな対話が有効か?」と、考えることができます。

5 成功するチームを評価し、永続させる

現在地を確認する

それでは、成功するチームをどう評価し、どう育てていけばよいのでしょうか。第2章でお話ししたように、チームは簡単に崩れてしまう、もろいものでもあります。病気になる前に健康診断をするように、チームにも診断が必要です。

チームは自己完結するものではなく、外に価値やよろこびを届けることで、継続し、発展していきます。働く人も、会社も、顧客も、地域社会もハッピーにするためにチームは存在すると、私は考えます。

つまり、成功するチームが、外部に幸せを創造し続けるチームになれば、メンバーも組織も幸せになり、永続的なチームとなります。

そこで、あなたのチームは幸せをつくり出しているかどうかの診断を、プロローグの冒頭で紹介したチームの健康診断とは別の角度で行ってみたいと思います。

「幸せ創造企業診断」でチームを診断し、語り合う

名づけて「幸せ創造企業診断」[2]。これは経営道協会の市川覺峯氏監修のもと、7人の組織開発コンサルタントにより、ウェルビーイング、科学的エビデンス、日本の精神性、自己啓発など、さまざまな視点を融合して完成させた診断です。

この診断は、リーダーまたは経営者が一方的に施策に使うためのものではありません。診断結果をメンバーで共有し、意見を出し合い、ビジョンを描き、全員参画型で行動変容を起こしていくためにつくられました。

定期的に診断することで、チームの現在地が確認できます。そして、診断結果をもとに、幸せづくりにおける強みを伸ばし、弱みを理解します。

チームに欠けているものや、足りないものをどのように補っていくかをメンバーたちと話し合い、実行することで、働く人と会社、そしてそこで働く人の両面の成長、

および社会全体に幸せを広げていくことができるのです。

幸せ創造企業診断７つの要素

幸せ創造企業診断は35項目からなり、回答には5分もかからないものです。

これは大きく分類すると次の7つの要素から構成されます。それを見える化して、「幸せ創造企業の樹」として描いたのが**図4－5**です。

①理念に共感
②人の喜びに尽くす
③社会から敬愛される
④やりがいのある仕事
⑤成長の実感
⑥全員参画型

2　「幸せ創造企業診断」は著者梅村がリーダーとなり、㈱日本理念研究所で開発・実施しているものです。

⑦心通いあう会話

④⑤が「個人の軸」、⑥⑦が「組織の軸」と捉えられます。そして、①②③が「個人と組織の融合の軸」です。

7つの要素それぞれは密接に関連し、1つの要素を伸ばすことで、他の要素を伸ばすことにもつながります。

この診断を定期的に続けることで、チームをさらに発展させ、育てていくことができるでしょう。

たとえ、まだ発展途上のチームだとしても、診断をきっかけに仲間と対話することで改善していけるでしょう。

図4－5　幸せ創造企業の樹

6 心と頭を統合させた瞬間、偉大なチームが誕生する

チームの状態のマトリックス

本章の最後に、これまでお伝えしてきたことの総括の意味を込めて、ちょっと別の角度からチームレベルを考えてみましょう。

図４−６は、チームレベルを「楽しい」「楽しくない」と「達成できる」「達成できない」の２つの軸で表したマトリックスです。

縦軸はHeart（心）を示したもので、上にいくほど「楽しくない」、下にいくほど「楽しい」状態です。メンバー同士の思いやりや協力度合いも比例します。横軸はMind（頭）を示しており、右にいくほど「(目標を）達成できる状態」とご理解ください。

縦軸と横軸によって分断された4つのゾーンは、チームのタイプを表しています。順番に見ていきましょう。

上段左側の「×」ゾーンは、「仕事が楽しくない」かつ「目標を達成できない」状態、メンバーもチームも幸せじゃない、つまり「ただの集まりチーム」です。

続いて、下段左側「△」ゾーンは、仕事は楽しい。メンバーの心がつながっている。けれども、まだ目標達成できていない「平均的なチーム」です。でも、

図4－6　チームのマトリックス

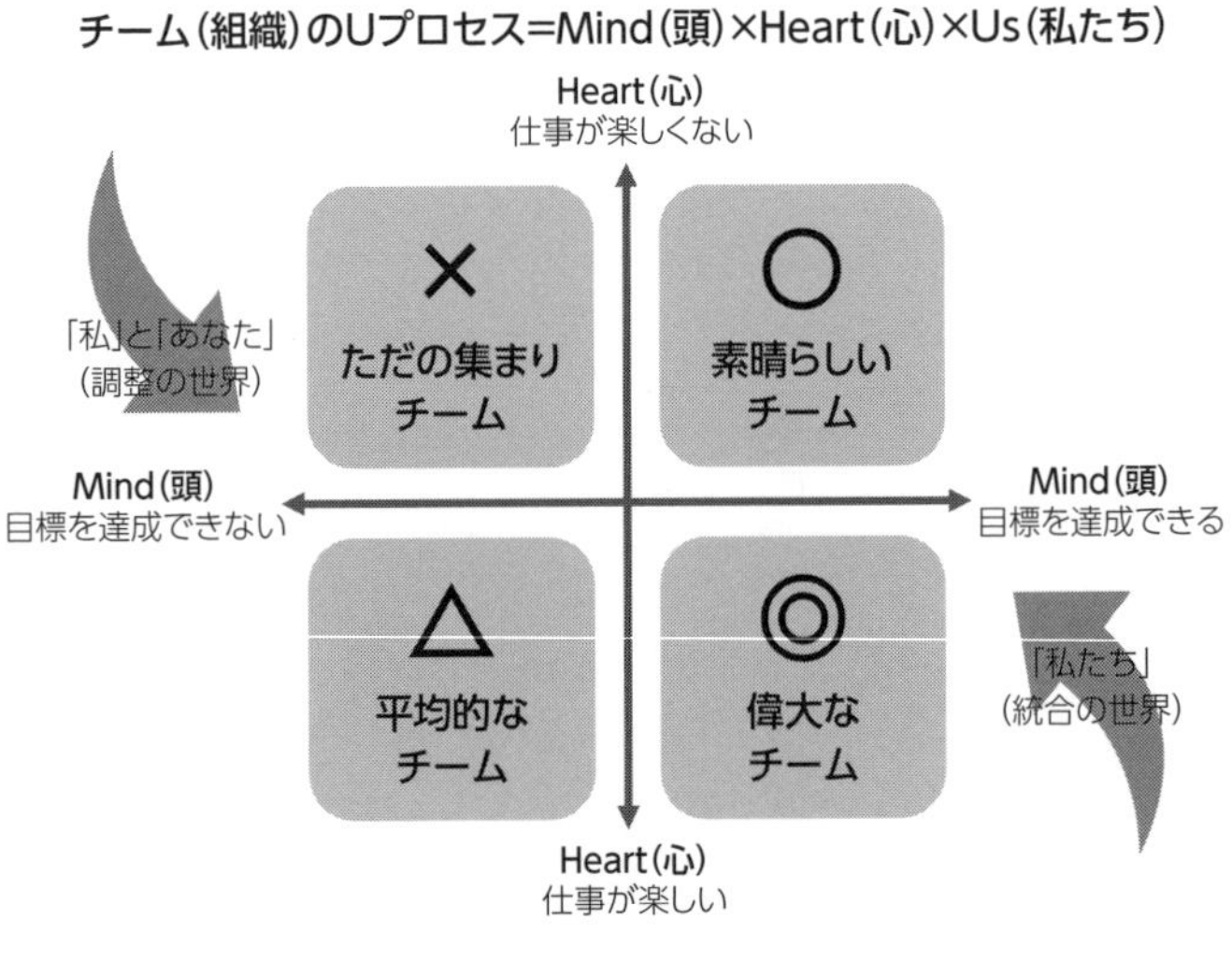

「平均的なチーム」は無限の可能性を秘めています。

隣の上段右側「○」ゾーンは、リーダーが引っ張ってくれているので目標達成できるから「素晴らしいチーム」です。ただし、仕事は楽しくないし、メンバーたちと心もつながっていない、長続きしづらい「素晴らしいチーム」です。

そして、下段右側の「◎」ゾーン。メンバーの心が1つになっていて、仕事も楽しいし、なおかつ目標も達成し続けることができる「偉大なチーム」です。

ユニークな点は、通常マトリックスでは、右上ゾーンに最もレベルが高いものを表しがちですが、この図では右下ゾーンに「偉大なチーム」が位置しているところです。

その理由は、表面では見えない心の深い部分でつながっていることを、下側で表現したかったからです。

そして、一時的に達成するということではなく、永続的に達成し続けるチームの力が湧き出てくる源を表すという意味でも、右下に位置づけました。

チームは遊びで変わる

さて、あなたのチームは図4－6の、どこのゾーンに属していますか?

もし、今「×」ゾーン、あるいは「△」ゾーンに属していると感じたからといって、落ち込んだり、失望したりする必要はまったくありません。「◎」ゾーン、すなわち「偉大なチーム」を目指すのに、遅すぎることなんてないからです。

それも大変な思いをせずに、「◎」ゾーンに入っていくことができます。力むことなく、テンションを張り詰めたままの状態ではなく、リラックスしながら、楽しみながら移行できます。むしろ力みが「◎」ゾーンを遠ざけている可能性があります。

その鍵となるのが、〝遊び〟です。

こういうと、「チームがバラバラなのに遊んでいる余裕なんかない」と反論する人もいるかもしれません。

でも、そんな時こそ、ちょっと立ち止まって、次章以降も読み進めてほしいのです。

そうすれば、〝遊び〟がいかにチームの活性化に役立つか、みんなで協力して達成する精神を養い、よろこびを共有する場をつくることにつながるのかが、おわかりいただけると思います。

今、あなたのチームが「ただの集まり」のような状態であっても、偉大なチームに生まれ変わるきっかけが得られるはずです。

最後に、脳科学者の茂木健一郎さんの次の言葉をもって、本章の締めくくりとしましょう。

「遊びの時っていうのは、脳が一番いい形で動いているのです。我を忘れて取り組んでいるという状態で、一番いいパフォーマンスをするんだと思います」

第5章
「遊び」がチームを変える

「遊び」って何だろう?
日常の緊張感から離れ、安心して挑戦できる冒険。
同じことの繰り返しの日々に、
新たな生命を吹き込んでくれる。
観察力を高めることができる。
そして、気づきとともに仲間と夢をつむぐことができる。
さあ、遊びの旅に出かけよう。

1 遊びが意識を変える

本を頭の上に載せてみると……

あなたは普段どんな姿勢で本を読んでいますか？　ソファーに寄りかかりながら読んでいますか？　寝っ転がりながら読んでいますか？　それとも、机の前に座って姿勢を正しながら読んでいますか？　人によって読書しやすい姿勢はさまざまですよね。

では、遊び心で、本を頭の上に載せ、手を離して歩いてみてください。

さあ、いかがでしたか？　すぐに落としてしまう人もいれば、しばらく頭の上に載せたまま歩ける人もいるでしょう。頭の上に載せた本を落とさないように歩くと、正しい姿勢を保てることから、あるホテルでは、サービスマンのトレーニングとして活用していると聞いたことがあります。

私もやってみたことがあります。その時、ほんの一瞬、頭の上に載せた本が、自分に何かを語りかけてくれたような感じがしました。本の著者がメッセージを届けてくれたような感覚といってもいいでしょう。

なぜこんな話をしたかというと、遊び心で普段と違うことをやってみると、新たな発見や気づきがあるということをお伝えしたかったからです。

ほかにも、いろいろな遊び方が考えられます。机の下にもぐってみたり、四つんばいで歩いてみたり、普段食べない物を食べてみたりするのもいいでしょう。

「こうあるべき」「こうしなければなら

図５－１　本を頭の上に載せる

ない」という常識から離れて、遊び心で普段やらないことをやってみませんか。新たな発見、気づきが得られるかもしれません。

遊び心がないチームは硬直化する

「こうあるべき」、「こうしなければならない」という常識を一度外し、遊び心を大切にすると述べましたが、これは個人に限ったことではありません。チームにも同じことがいえます。

毎朝9時に出社。朝礼後にメールのチェック、12時にランチ。13時から再びパソコン作業……というように、毎日同じことを、同じ時間に繰り返していると、精神的に安定するというメリットがあります。これは大切なことです。

しかし、今はVUCAの時代。世の中がめまぐるしく変化していて、将来の予測もつきません。そうした状況下にルーティーン化した業務をただ続けているだけだと、視野が狭くなり、一定の尺度からしか物事が考えられなくなる可能性があります。そうなると時代に取り残されてしまうかもしれません。仕事に面白みもやりがいも感じないだろうし、創意工夫をこらした、よいアイディアも湧いてこないでしょう。

メンバー個人だけの問題ではなく、チームも硬直化し、それは生産性や売り上げにも影響が及んでしまう可能性があります。

その点、検索エンジンなど、オンラインサービスを提供・運営しているアメリカの企業・グーグル（Google）は、先進的な取り組みをしました。世の中が気づく早い段階から、これからの企業に必要な遊び心やクリエイティブな時間を、仕事環境の中にうまく取り入れたのです。

例えば、社員のメンタルが健全であるように、瞑想をベースにしたマインドフルネスの時間をつくり、社員の心と身体の健康を保つようにも努めました。

職場環境にも工夫がこらされ、オフィス内にはキャスターつきの椅子、机、ホワイトボードなどが設置され、必要に応じて簡単に配置を変えることができ、天気のいい日などは屋外でのミーティングもできるようにしました。

環境が変われば、気分もリフレッシュし、エネルギーが充電できます。好きな場所で遊べば、新たな発見、気づきが得られ、素晴らしいアイディアが湧いてくるなどして、仕事にも生かせるようになります。好きな時間に仕事に取り組めることで拘束感がなくなり、ゆとりを持ちながら自分の意思で主体的に行動できます。

これらの根底にあるのは、遊び心がもたらす可能性への信頼です。それは、これからのチームに欠かせない大切な要素といってよいのではないでしょうか。

宮本武蔵が遊郭《ゆうかく》でつかんだ真理

遊びの真髄について、私の大好きな吉川英治氏の著作『宮本武蔵』の中に出てくる件《くだり》があります。


ある日、果し合いを終えた武蔵は遊郭に身を置きます。もてなされる武蔵に、遊女の最高位である吉野太夫は諭します。

「武蔵さま。あなたの所作を見ていると、いつ斬られてもおかしくない、今から死にゆく人のように見えます」

解せない武蔵が問いただすと、吉野太夫はにこやかに続けます。

「先ほどから奏でていた琵琶の音色は聞こえていましたか？」

そして、手元にあった琵琶をパーンと鉈《なた》で打ち壊し、次のように教え諭したのです。

「琵琶は４つの弦、胴、横木から成り立っています。４つの弦の張力を調節する横木（ギターでいうところのフレットのようなもの）の弛みと締まりの程よい加減がいろいろな良い音色を生み出すのです。人の生き方・心の持ち方も、弛みと締まりが大切なのではないでしょうか」

武蔵は決闘に明け暮れ、いつも心が張り詰めている。だから、心にゆとりがない。このままだと弦が切れるかのように、心の糸もプツンと切れてしまう。そうならないためには、心を弛ませることも大切で、それでこそ人生の幅が広がり、ダイナミックなパワーも生まれてくる――そのことを吉野太夫は言いたかったのです。

これを仕事に置き換えるとどうなるでしょうか。力むだけではテンションが張り詰めた状態が続くため、心にゆとりがなくなり、よい仕事ができなくなります。しかし、力みを取れば、ゆとりが生まれ、エネルギーも充電できるので、仕事にも良い影響をもたらすことができます。

その調整の役割を果たしてくれるものこそ、〝遊び〟なのです。

2 はじめに遊びありき

文化は遊びから生まれた

ここまで遊びがもたらす効果についてお伝えしてきましたが、それでも、あなたはこう思っているのではないでしょうか。

「理屈はなんとなくわかるが、我々の日々の活動に役立つとは思えない。仕事の飛躍・発展に直結するようには思えない」

そんなあなたに「人間は遊びによって進化・成長してきた」と言ったら、ちょっとびっくりしませんか。

しかし、これにはキチンとした裏づけがあります。オランダの歴史学者ヨハン・ホイジンガは、著書『ホモ・ルーデンス』の中で「文化の中に遊びがあるのではなく、遊びが人間の文化をもたらした」と述べているからです。

つまり、スポーツでも音楽でも宗教的祭祀でも、もともとは遊びの要素が大きいというのです。

その最たるものが、オリンピックです。大昔、狩猟のため野山を走り回っていた若者たちが、遊びの一環として走る速度や体力を競うようになり、やがてそれらが競走やレスリングに発展しました。

そして、紀元前９世紀頃、古代ギリシアにおいて、オリンポスの神々に捧げる宗教行事として、競争やレスリングなどが競技として開催され、これがオリンピックのルーツになったといわれています。

ゴルフも同じで、一説によると、遊びがルーツになっているといわれています。スコットランドの羊飼いが棒で石ころを転がして穴に入れて遊んだのが、ゴルフの始まりではないかというものです。

ジャズ・ミュージックも例外ではありません。ジャズの場合、元をたどると黒人霊歌（アフリカ系アメリカ人が生み出した宗教的な民謡）がルーツになっています。それをドラムやピアノやサックスといった楽器を使いながら、即興でリズムをつけて、遊び半分で演奏するようになったのがジャズの始まりだといいます。

キリがないので、このへんでとどめておきますが、ヨハン・ホイジンガが「遊びが人間の文化をもたらした」と述べた意味がおわかりいただけたでしょうか。

〝遊び〟は枠を外して自由に考えられる第3の場所

『ホモ・ルーデンス』には「遊びは日常や直接的欲望を満たすことの外にあり、通常の規範やルールにしばられない、自由で、自発的な活動である」といったことも書かれています。

私なりに補足を加えると、「日常や直接的欲望を満たすことの外」とは、わかりやすくいうと、利害打算がないという意味です。また、「通常の規範やルールにしばられない、自由で、自発的な活動」とは、目標を達成するために計画を立て、決められた通りにやる……というものではなく、試しにちょっとやってみるという意味です。

つまり、何の制約もなく、楽しみながら冒険することで、新しい可能性が見えてくるということです。うまくいったら〇K、うまくいかなくても「ナイス・チャレンジ!」――こうしたゆとりのある心が、視野の拡大には必要なのです。

ビジネスでいえば、テストマーケティングが、本格的に実行する時の参考になるようなものと解釈してもいいと思います。

スナック菓子の代表ともいえるポテトチップスなどは、まさに楽しみながら冒険して生まれた食品といっていいでしょう。

19世紀の中頃、ニューヨークのあるレストランに1人の大富豪が客として訪れ、フライドポテトをオーダーしました。

ところが、出されたフライドポテトが厚すぎたので、シェフに文句を言い、つくり直すように要求。それでもまだ厚すぎたようで、再度文句を言い、つくり直してもらいます。

いい加減、うんざりしたのでしょう。シェフは腹いせに、その客を困らせてやろうと考え、ポテトをうんと薄切りにしてカリカリに揚げて、ソースと一緒に出すことにしました。

それを見たボーイは「シェフ、ポテトで遊んじゃダメですよ」と注意しましたが、予想に反して、客はそのカリカリに揚がったポテトの味を大絶賛。

気をよくしたシェフは、ソースよりもケチャップをつけたほうがおいしいかもしれないと改良した上で、正式なメニューとして出しました。さらにそれだけでは飽き足らず、今度はシンプルに塩をかけて出してみたところ、これが万人受けして、アメリカ国内に一気に広まっていったというのです。

「フライドポテトはこうあるべき」という枠を外して、自由に調理法や調味料を変えて、今までにないポテトチップスという食品をつくり出す——これも遊びから生まれた奇跡といっていいのではないでしょうか。

3 遊びが人の心にもたらすもの

人は遊ぶと、素の自分が出る

ここからいよいよ核心に迫ります。遊びは人の心にどのような影響をもたらすのでしょうか。

まず、遊ぶことによって〝素の自分〟が出せることが挙げられます。

私たちは「他人から好感を持たれたい」「みんなから嫌われたくない」という思いから、往々にして仮面をかぶろうとするところがあります。

だから「本当はこうしたい。こう考えている」と思っていても、本音を口にしようとはしません。周囲に合わせようとします。良い人のように振る舞ったり、格好つけたりします。

しかし、遊ぶことによって、その仮面が剝がれ、自分を縛りつけているもの、うわべを飾っているものが消え失せ、ありのままの自分が出せるようになれます。

自分らしさを出して他人に接していけるようになると、良い人の仮面をかぶっていた時よりも、相手にも安心感や親近感を抱いてもらえるようになるのです。

人は遊ぶと、リーダーシップを自然と発揮する

それだけではありません。遊ぶことによって、素の自分が出せるようになると、リーダーシップが自然と発揮できるようになります。

仕事であれば、「上司の命令だから仕方なく」とか、「ノルマをこなさなくてはならないから」といった、やらされ感や義務感で行動することは珍しくありません。一方、素の自分が出せると、自ら進んで、楽しみながら、主体的に行動できるようになります。

普段、仕事をしている時は消極的で指示待ちの人が、職場の仲間たちと焼き肉を食べに行くと、誰も焼いてくれとは頼んでいないのに、率先して鉄板の上に肉を置いて

焼き始めることってありませんか？　まさしく、そんな感じです。自分では気づかないだけで、無意識にリーダーシップを発揮しているのです。

リーダーシップのとり方をテーマにした本やセミナーはたくさんありますが、それはあくまで勉強（知識の吸収）であって、実際の場面で生かそうとしても難しいものがあります。

無理に実践しようとすると、どこか不自然になってしまったり、言動もぎこちなくなりがちです。周りにいる人も、その振る舞いに不自然さを感じ取ります。

でも、遊んでいる時は素の自分が出るため、自分らしく、ありのままの状態でリーダーシップがとれるようになります。

これも遊びがもたらしてくれる効用といっていいのではないでしょうか。

素の自分でうまくいくように変化していく

ただ、あなたはこう思ってはいませんか。

「遊んでいる時に、素の自分が出る理由はなんとなくわかった。でも、仕事となると元に戻ってしまい、素の自分が引っ込んでしまうのではないか?」

そうなのです。だから、遊びも習慣化させる必要があるのです。

遊びモードの時間を定期的に設けることによって、素の自分、自発的な自分がだんだんと定着していき、仕事モードの時に生かせるようになるからです。

仕事モードは日常のことで、結果が評価され、冒険をするには勇気がいるモードです。

一方、遊びモードというのは非日常で、安心してチャレンジできるモードのことをいいます。

仕事モードでいる時、新しいことにチャレンジしようとすると、過去に成功した人ほど、失敗を恐れてリスクに過敏になり、新しい側面に対して尻込みして消極的になってしまうことがあります。

あるいは、過去にうまくいったやり方を思い出して、手堅く失敗しないようにやろうとします。そう、結果に縛られてしまうのです。

では、非日常(遊びモード)でいる時はどうでしょう。新しいことにチャレンジする時、なんのためらいも感じないはずです。なぜか? それは、失敗しても許されるからです。だから、安心してチャレンジできるのです。

そのため、結果に縛られることもありません。仮にうまくいかない結果に終わっても、「ここを変えればうまくいくかもしれない」と、素の自分で改良点を見つけ出すことができます。

この非日常の時（遊びモード）に覚醒する素の自分でいられる状態を意識し、育てていけば、日常の時（仕事モード）にも同じ感覚が味わえ、それを生かすことが定着化していくはずです。つまり、仕事モードの時でも遊びの感覚を使えるようになっていくのです。

4 遊びが持つ調整作用

人はエゴと奴隷の間を行き来している

日常の生活を振り返ってみましょう。次のようなことは、ありませんか。

「たまには、とびきりおいしい○○が食べたい」
「今度の連休は、○○温泉に行ってのんびりしよう」

これらはいずれも自分のため。自分が願っていること。自分の欲求を満たそうとしています。これがエスカレートして「自分の欲求だけが満たされたらよい」となると、それは「エゴ」になります。

では、こちらはどうでしょうか。

「上司からカラオケに付き合わされ、いやいや歌を歌わされた」

「本当はオンラインで打ち合わせをしたかったのだが、クライアントの要望で直接出向いて打ち合わせをすることになった」

これらはいずれも相手のため。他人から指し示されたこと。自分を犠牲にして相手を優先しています。これがエスカレートすると「奴隷」になってしまいます。

日常を振り返ってみると、私たちはこのエゴと奴隷の間を行ったり来たりしています。エゴの時間が多ければ、自分の欲求が満たされる分、自己中になってしまいます。

一方、奴隷の時間が多いとフラストレーションが増大していき、ストレスがたまってしまいます。

このエゴと奴隷の間のちょうどよい領域を見つけることができたとしたら、ありのままの自分軸のまま、人にも貢献できる状況がつくり出せると思いませんか。

その橋渡しを担ってくれるのが、遊び（遊び心）なのです（**図5－2**）。

遊びはエゴと奴隷の間に中間領域をつくり出す

1つその例を紹介しましょう。

皆さんはアイスクリーム・コーンを食べたことがあると思いますが、あれなどはまさにエゴと奴隷の中間領域から誕生したといってもいいでしょう。

20世紀の初頭、アメリカのミズーリ州セントルイスで行われたセントルイス万博には、たくさんの屋台が出店しました。

折しも夏の真っ盛り。アイスクリームが飛ぶように売れ、屋台の前

図5－2　遊びの調整作用

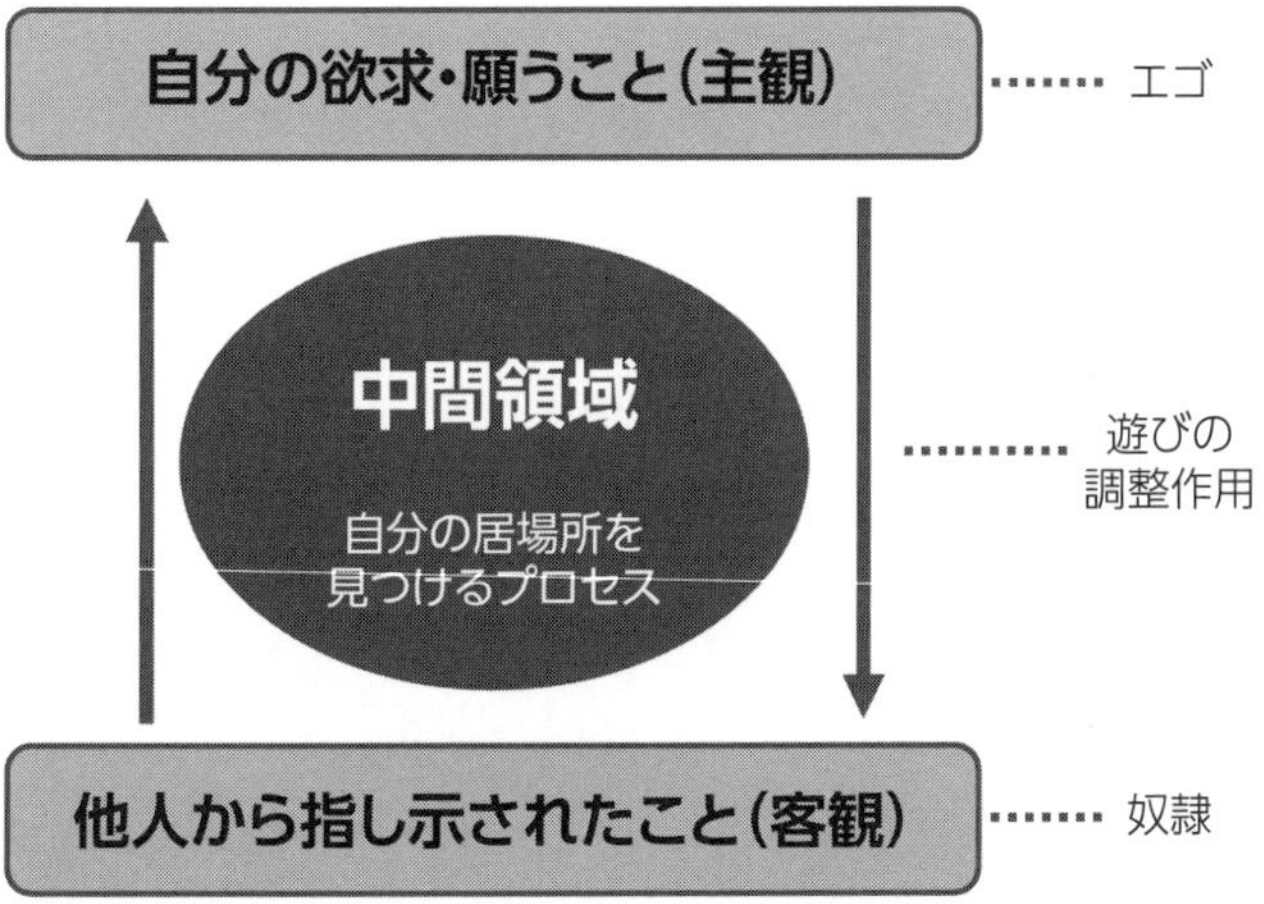

には行列ができていました。

そんな時、ちょっとしたアクシデントが発生。アイスクリームを乗せるカップの容器が足りなくなってしまったのです。

紙ナプキンを重ね、その上にアイスクリームを載せて出してみましたが、お客さんたちから「紙ナプキンだとアイスクリームが溶けた時、垂れてしまう。カップに入れてくれ」というクレームが殺到。

これには店主も困り果ててしまいました。新たにカップを調達するとなると、時間もかかるし、予定外の出費を余儀なくされます。

ふと、お菓子を売っている隣の出店に目をやると、たくさんのワッフルが売れ残っています。その瞬間、ひらめいたのです。

「あれを隣のお店から安く購入して、カップの代わりに使ったら、おもしろいかもしれない」

この遊び心が大うけ。爆発的に売れるではありませんか。

これがきっかけとなり、その後、ワッフルからコーンに乗せるというスタイルでアメリカ全土に広まっていくようになったのです。

紙ナプキンの上にアイスクリームを載せて出そうという考えは、店主のエゴ。

一方、カップに入れて出してくれというお客さんたちの要求は、店主からすれば奴隷。

店主はその板挟みにあいました。

けれども、「カップの代わりにワッフルを用いて、その上にアイスクリームを載せてみよう」という店主の遊び心によって生まれた発想は、まさしく中間領域への移行です。言い換えると、遊びがもたらしてくれた調整作用です。

「中間領域」は精神分析で出てくる言葉ですが、それをヒントに考えてみると面白い発想が湧いてくるということを実感したエピソードではないでしょうか。

5 遊んでいる時に潜在意識の扉が開かれる

遊びは「できない」という心のブロックを外す

あなたが新入社員だった頃のことを思い出してください。

上司から「プレゼンの資料を作成して」と頼まれた時。あるいは、「研修期間が終わったら、１人で顧客回りをするように」と指示された時。「大丈夫かなあ」、「自分にできるかなあ」と不安になりませんでしたか？

では、子どもの頃、初めてかくれんぼをやった時はどうでしょう。「お友達はどこに隠れているのかな」とワクワクしながら探したのではないでしょうか。

仕事モードの時は「大丈夫かなあ」、「できるかなあ」。遊びモードの時はワクワク。なぜ、こうも違ってくるのでしょう。

それは遊びモードに入ると、潜在意識と顕在意識の間にある扉が開くことが関係しています。

私たちは子どもの頃から、ことあるたびに、大人たちから、こう言われ続けてきました。


「あなたには無理だ。できないに決まっている」

「世の中、キミが考えているほど甘くはない。現実は厳しいのだ」


こうした言葉を鵜呑《うの》みにした結果、心にブロックができてしまいました。

初めてのことや自信のないことにはあえてチャレンジしようとせず、仮にチャレンジしても、ちょっとつまずいただけで、「自分にはできない」と決めつけ、あきらめるようになってしまったのです。

しかし、遊びモードに入ると、子どものように無邪気な心に戻ります。それによって「大丈夫かなあ」「できるかなあ」という制限（固定観念）が解除されます。潜在意識と顕在意識の間にある扉が開き、もともと持っている潜在意識本来のパワーを使えるようになるのです。

遊んでいる時、私は消えて、神様が現れる

このことをうまく説明したのが、子どもや野生動物との遊びの専門家であるアメリカ・ワシントン大学の元教授であるO・フレッド・ドナルドソン博士です。彼の講演を聞き、私は心が震えました。

純粋な遊びとは……。
まるで赤ちゃんのような初心者の心。
カテゴリーでは捉えない、純粋な状態。
「いま」を生きている。
攻撃も犠牲もなく、恐れもない。
愛で受け取って、愛で与えることができる。

続けて、ドナルドソン博士はこうも言います。

遊んでいる時、私は消えて、神様が現れる

これは私が博士のメッセージから受け取ったものです。

「神様」という言葉が出ると、ちょっと解釈が難しいかもしれませんので、私なりに注釈を加えてみましょう。

大人が、子どもに戻ったかのように、純粋な心で無邪気に遊ぶと、フローの状態（時間がたつのを忘れるほど没頭すること）になり、潜在意識と顕在意識の間にある扉が開くようになる。

すると、自分を縛りつけているもの、うわべを飾っているものが消え失せ、純粋に受け取ったり与えたりすることができる、愛にあふれた、とても純粋でパワフルな状態になる。これは神様のような状態だ。

素の自分が出せるようになると、前述したように、リーダーシップが降りてきます。自ら進んで、楽しみながら、主体的に行動できるようになります。できない理由よりもできる理由を考えるようになります。アイディアが湧いてきたり、物事に対して創意工夫をこらしたりするようになります。向上心や探究心も培われ、積極的に考え、行動できるようになります。

チームのメンバー全員がそうなれたら……？

そう、偉大なチームに変身を遂げるのは、あとは時間の問題です。

6

心身の回復に遊びが登場する ポリヴェーガル理論

自律神経の「3つ目」が登場

遊びを科学的、臨床的に説明している研究があります。「ポリヴェーガル理論」という、神経科学の分野の研究です。これは、1994年にアメリカの神経生理学者であるステファン・W・ポージェス博士が提唱した、自律神経についての新しい理論です。

私はこの理論に出会って、「遊びの効果の本質はこれだ！」と感じました。

一般的には自律神経には、交感神経と副交感神経の2つの神経があるとされてきました。交感神経は、仕事やスポーツなど、活動する時に優位になる神経。そして副交感神経はリラックスをさせて、休息する時に働く神経です。

　ポリヴェーガル理論では副交感神経をさらに2つに分け、全部で3つの神経で説明することで、今まで臨床でうまく説明できなかったことが明確になり、支援者にとって、より効果的な関わり方ができるようになりました。

　3つ目の神経として新たに登場するのは、腹側迷走神経複合体という「安全を感じる時に働く神経」です。人は安心・安全を感じると、固く閉ざしていた心の扉が開き、他者との交流も行われ、回復につながっていくため、「社会神経」とも呼ばれます。

　この神経が働く時、自分を観察することができて、過去のトラウマを受け入れ、癒やしが起こるプロセスとして作用するのです。そしてポージェス博士は、治療モデルの1つとして、「遊び」を取り上げました。

神経のチームワークを表した「ポリ語」

　このポリヴェーガル理論における3つの神経の働きを、支援者が臨床で活用できるように3色に例えているのが、『はじめての「最新メンタルヘルス」入門』（セルバ出版）の著者であり、臨床心理士・医学博士の吉里恒昭先生が教えている「ポリ語」です（**図5－3**）。
ポリ語は、自分の中にある神経を、まるで3人の家族がいるように扱います。

〔赤：交感神経〕
危険を感じた時、生きるために、戦うか逃げるかを目的に機能する「勝負神経」。
どちらかというと体は緊張し、思考は「……べきだ」となりがち。感情はイライラしがちな状態。

〔緑：腹側迷走神経複合体〕
安心安全を感じる時に働く、つ

図5－3　ポリヴェーガル理論

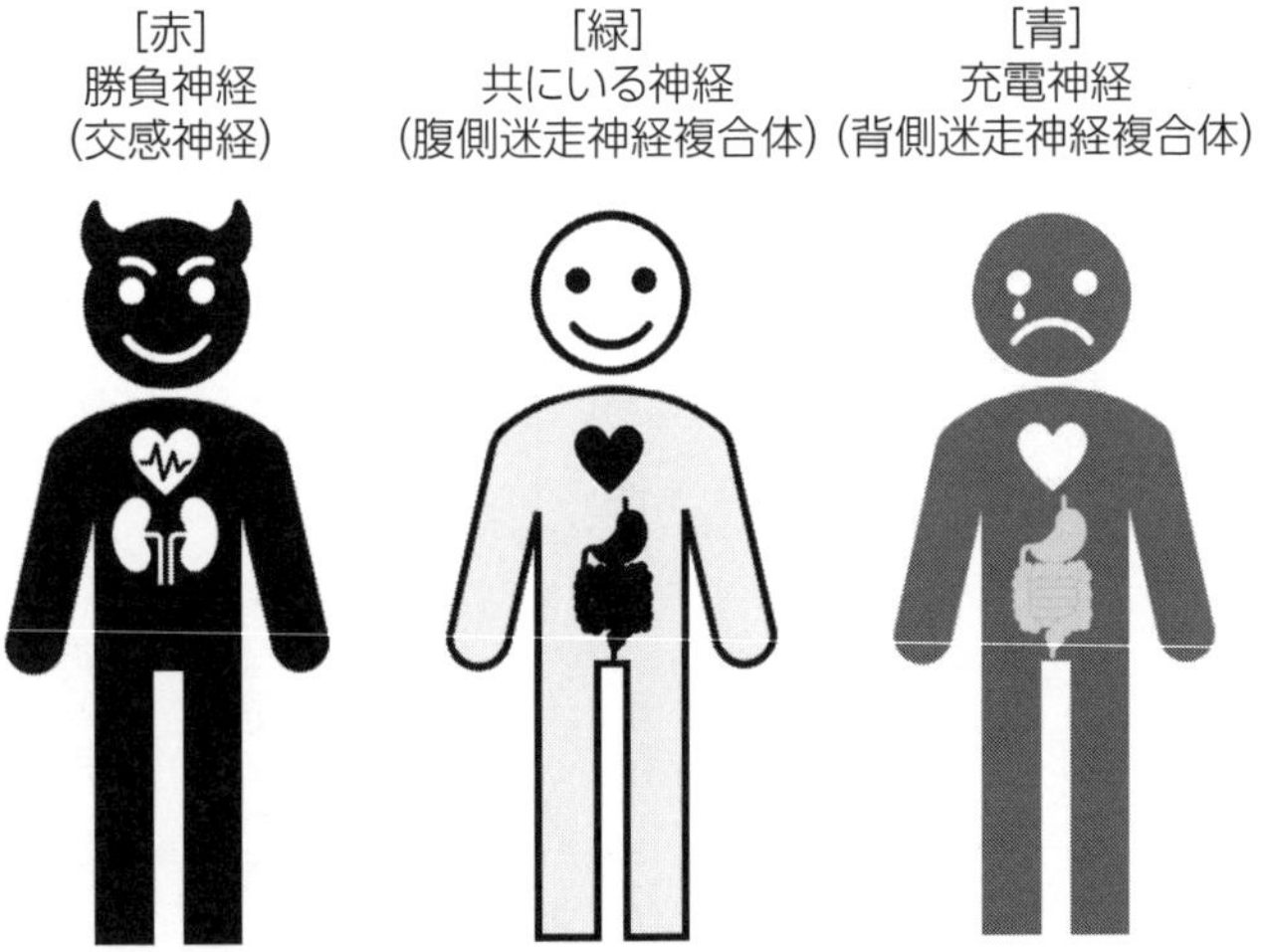

ながりを感じる神経「共にいる神経」。

体は柔らかく、思考は「どんなことだろう？」と考え、感情は好奇心に満たされている。

〔青：背側迷走神経複合体〕

戦いも逃げもせず、危険が去るまで固まって省エネ状態で過ごす「充電神経」。

体は硬く、思考は「もうダメだ」となりがち。感情は鬱《うつ》っぽい状態。


この「赤」「緑」「青」の3者は、生きる上で1つも欠かせない大切な神経です。3者は私たちの中でそれこそチームとして働き、バランスをとっているのです。

例えば、充電神経（青）が優位の時に、共にいる神経（緑）の働きがなかったらどうなるでしょうか。

「本当はもっともっと働かなくてはいけないのに、休んでばかりでいいのだろうか。でも働く意欲が湧かない」という気持ちが強くなり、休むことに対して嫌悪感を抱くようになります。

この状態が続けば、自律神経失調症や鬱になってしまってもおかしくありません。

しかし、充電神経（青）が優位の時、共にいる神経（緑）が調整を図ってくれるおかげで、「休む時はゆっくり休もう」という気持ちになれ、安心して、リラックスして休むことができます。

では、勝負神経（赤）が優位の時、共にいる神経（緑）の働きがなかったらどうなるでしょうか。

「自分はもっともっと一生懸命働かなくてはならない。休息なんて、もってのほか」という気持ちが強くなり、休むことに抵抗を感じるようになります。

これだとストレスがたまるばかりで、息抜きもできませんよね。この状態が続けば、これまた自律神経失調症や鬱病を発症しかねません。

しかし、勝負神経（赤）が優位の時、共にいる神経（緑）が調整を図ってくれるおかげで、休むことに対して安心感が抱け、「今日も一生懸命働いた。帰宅したらゆっくり休もう」という気持ちになれます。

このように赤、緑、青が相互作用的に働きます。これが「ブレンド」（混ぜる）という考え方になります。そして、赤と緑が「ブレンド」として共に働くのが「遊び」なのです。

遊びは交感神経と社会神経のブレンド

遊びは「安心」（共にいる神経：緑）と「チャレンジ」（勝負神経：赤）の両方が含まれるアプローチです。

「動けない状態」（充電神経：青）の時に、無理に「チャレンジしないとだめだよ」（勝負神経：赤）というアプローチは、余計にクライアントを苦しめます。

だから、必要な神経反応が起こっていることを受容し、「そのままでＯＫだよ」と安心（緑）で包み込むことから始めるのです。そして、心の扉が開いてきたら、少しずつチャレンジ（赤）をブレンドしていきます。その時、「遊び」を使うのです。

職場に当てはめるならば、緊張状態（勝負神経：赤）では、言いたいことは言えない状態です。この状態でいくらミーティングや会議を重ねても、前には進まないでしょう。そこには交流がないのですから。しかし、遊びで安心や安全を感じることができれば、メンバー同士のコミュニケーションは深まり、前向きでクリエイティブな仕事ができるようになります。仕事上の不安も減っていきます。

私はゲームマップをつくり、遊びを「刺激―癒やし」「現実的―抽象的」のマトリックスの中に位置づけ、その時に必要な遊びをチョイスできるように整理しています（**図5―4**）。

図5－4　遊びをマトリックス上に整理したゲームマップ

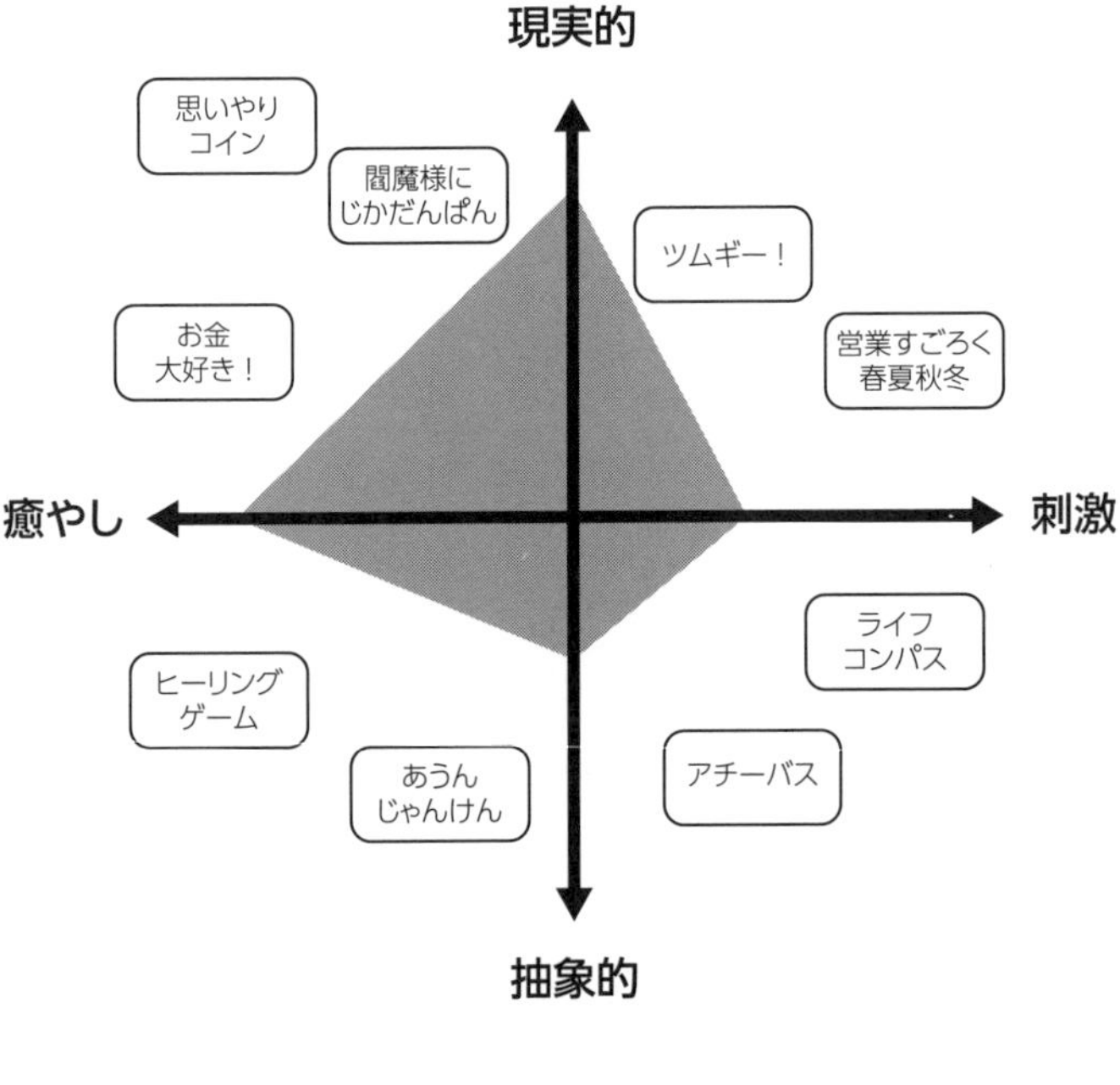

遊びを繰り返すことで、動きの少ない予測可能で安全な世界から、最終的には、予測不能な未来に対する信頼を獲得していきます。安心・安全があるからこそ、人は過去の成功体験を脱ぎ捨てて、新しい挑戦ができるようになっていくのです。

安心・安全がないと、人は過去の成功体験にしがみつくばかりで、新しい挑戦ができません。遊びによって、人に、そして職場に命を吹き込むことができるのです。

「遊びが神経作用に働きかける」といわれても、なかなか実感できないかもしれません。

実際、遊んでいる時は失敗が許されるので安心してチャレンジできても、仕事モードに切り替わった途端、それができなくなることもあるでしょう。

でも、ご安心ください。すぐにはできなくても、遊びを通して、安心してチャレンジできる感覚を繰り返し感じて育てていけば、共にいる神経が育まれ、仕事モードの時も安心や信頼を活用できるようになっていくのです。

7 遊びでチームが成長するサイクル

成功したらよろこび合い、失敗したら学び合う

これまで、遊びの効果というものを、さまざまな観点からお伝えしてきました。

では、遊びによって、チーム（組織）はどのような変容を遂げ、どのように成長していくのでしょうか。

そのゲームダイアログのプロセスを表すと、**図5－5**のようになります。

まず、なぜ対話ではなく、遊びが出発点になるのか。それは、第1章でも話したように、いきなり対話から入ると、すれ違いが起きる可能性があるからです。

たびたびお伝えしたように、お互い、考えていること・見ているものが同じように思えても、実際には違う場合がしばしばあります。その状態で対話をすると、ボタン

の掛け違いのままで終わってしまいます。

そこでまず、遊びという体験を共有するのです。

そうすることで、認知の枠組みが変わり、共通の話題が生まれ、共通の対話ができるようになります。遊びが出発点になる理由はここにあります。

こうした土台を築いた上で対話をすれば、考え方や価値観が違っていたとしても、お互い共感し合えることが多くなります。

「そうだよね。あのプレゼンは資料が準備不足だったよね」

「確かに、ミーティングの回数をもう少し増やしたほうがいいかもしれないね」

図５－５　遊びでチームが成長する７つのステップ

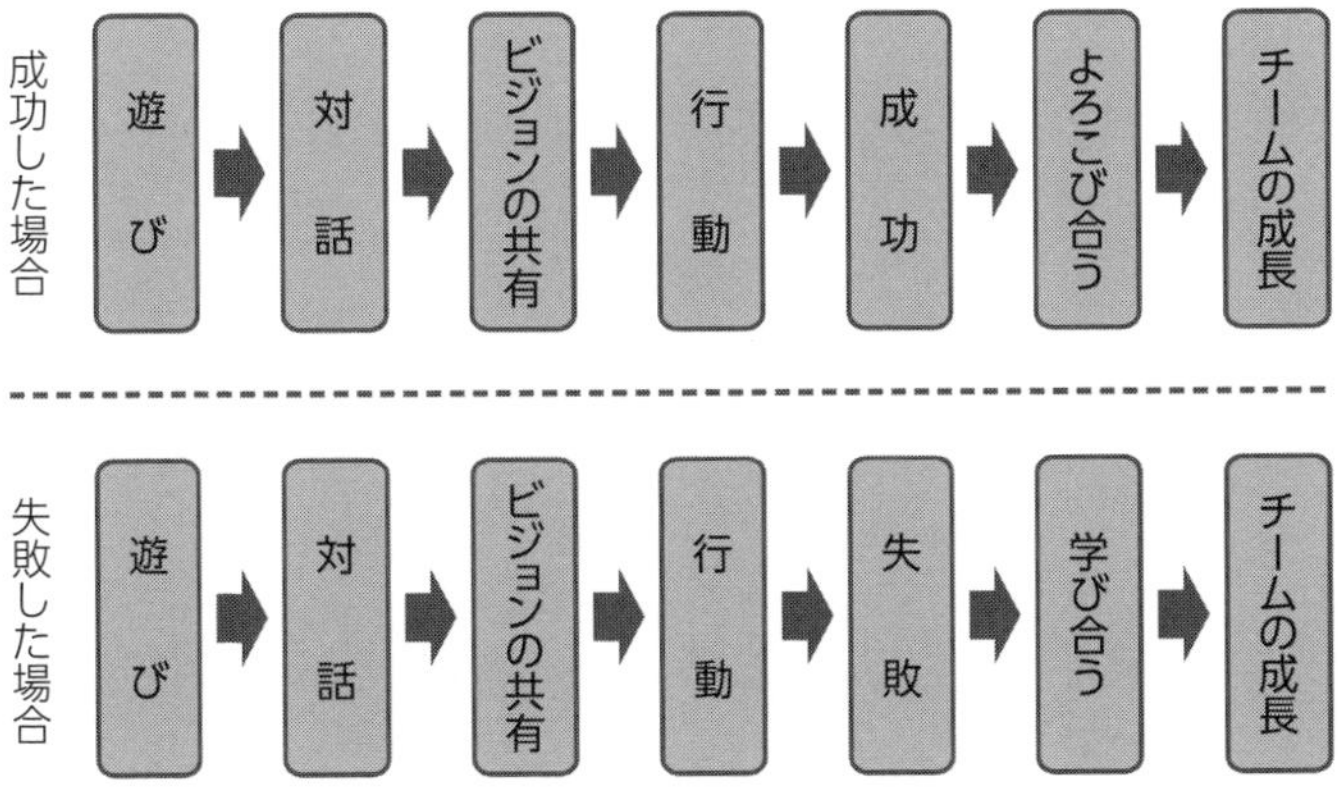

このように共感し合えることが増えると率直に話せるようになり、互いに信頼できる関係へと発展します。

「彼（彼女）とだったら、一緒に新しい企画が立案できるな」
「あの人は話が通じるから、忌憚《きたん》のない意見が言えそうだ」

信頼関係が成立すると、自由に語り合うことができ、将来の夢や目標についても話し合い、ビジョンが共有できるようになります。
もちろん、意見が食い違い、衝突することもあるでしょう。でもそれは、第４章でお伝えした混乱期（Storming）にあるということ。お互いが安心して言いたいことが言えるようになった証拠です。したがって、そこを乗り越えれば、同じ夢を持つ仲間となり、絆がいっそう深まるようになります。

さあ、そうしたら次はいよいよ行動です。
遊び体験を共有する前は、「失敗は許されないもの」という意識がメンバー各自の根底にありました。

でも、遊びは失敗してもノープロブレム。ナイス・チャレンジ。誰からも責められたり、非難されたりすることはありません。だから安心してチャレンジできます。

そう、前項で述べた赤の勝負神経が優位の時、緑の共にいる神経が調整を図ってくれる状態です。

こうした感覚を仕事モードの時にも持ち込める風土が醸成されれば、パフォーマンスの良い状態で行動できるというわけです。

行動すると、当然、結果も出ます。結果は2パターンあり、「うまくいったか（成功）」、「うまくいかなかったか（失敗）」のどちらかです。

うまくいけば、万々歳。チームメイトはよろこびを分かち合うことができます。ワンランク上の目標を目指してさらに頑張ろうという意欲が、メンバー全員に湧いてきます。これはとりもなおさず、チームが成長した証拠といっていいでしょう。

うまくいかなかった場合は、さすがに残念な気持ちになるでしょう。しかし、「ナイス・チャレンジ！」教訓を得ることにつながるため、みんなで学び合うことができます。

失敗した要因を探り当て、問題点を明らかにしていけば、対処策を講じることができ、同じ失敗の繰り返しは少なくなります。これもチームが成長した証拠といえます。つまり、遊びを出発点にすれば、成功しても失敗しても、チームは成長を遂げることができるのです。

これは、第4章で紹介した、成功するチームをつくる春夏秋冬と同じプロセスです。言い換えると、春夏秋冬のプロセスの流れをつくり、リズムよく進めてくれる潤滑油が「遊び」なのです。

以上、遊びによって、チームが成長するプロセスをお伝えしました。今度はこのプロセスの中で、遊びがメンバーたちの心にどのような影響を与えるのか、どういった効果をもたらすのかについて、いくつか述べてみたいと思います。

遊びは上下関係を超えて、積極的に語り合える場を生む

チームが成長していくプロセスの中で、遊びがもたらす効果の1つとして、上下関係を超えて、積極的に語り合える場を生み出してくれることが挙げられます。

子どもに戻ったように純粋な気持ちで遊びに没頭していると、そこでは「上司」や「部下」といった垣根が取り払われます。誰もがみんな〝素の自分〟を出せるため、本音で語り合えるという利点があるのです。

例えば、徳川家康は生涯に千回以上も鷹狩りを楽しんだとされています。軍事訓練や領民視察の意図もさることながら、家臣たちと積極的に語り合い、絆を深めることを目的にしていたともいわれています。

「最近、戦で負った古傷の具合はどうだ?」

「寒いと、やはり痛みます」

「そうか。あの戦の折、おまえはワシの盾になってくれた。今でも感謝しているぞ。明日にでも古傷に効く漢方をワシが煎じてやろう」

「恐れ多いことです」

こんなやりとりがあったのかもしれませんね。遊びを通して、こんな会話を上司・部下とできたら、嬉しいですよね。最高のコミュニケーション・ツールだと思いませんか。

遊びはお互いの強みを生かし合うきっかけをつくる

遊びは、リーダーシップを発揮して主体的になれる場を生んでくれると述べました。それと連動するような形で、遊んでいると次第にお互いの強みを知り、生かし合えるようになります。

キャンプに例えてみましょう。

「課長は野菜は苦手だけど、火を起こすのがうまいなあ」
「Aさんはいつもぶっきらぼうだけど、テントを張るのが上手！」
「Bさんのつくる飯盒炊爨《はんごうすいさん》は絶品だ」

このようにお互いの強みと弱みを知ることができれば、仕事モードの時も、「あの人は○○が得意」、「彼（彼女）は○○に精通している」といったように、お互いの強みに敏感になれます。

また、弱みを知ることで優しくもなれます。

そしてお互いの強みを生かし合い、弱みを打ち消し合うことができれば、最強のチームになるのは時間の問題です。

遊びは部署や立場から生じるセクショナリズムを解消する

１９２０年、パナソニックが松下電気器具製作所と呼ばれていた頃、松下幸之助さんは「将来、会社を発展させていくためには、全員が心を1つにしなければならない」との思いから、社員の福祉増進や親睦慰安などを図るために「歩一会」という組織を発足。運動会や演芸会などの行事をたびたび催しました。

そうした行事には、松下幸之助さんはもちろんのこと、工場で働く人、事務員や営業担当者など全社員が参加して、大いに盛り上がったそうです。

実は「歩一会」には、社員の福祉増進や親睦慰安のほかに、もう1つ目的がありました。それは従業員が自分のチームや部署の利益や効率を優先し、他の部署に対して非協力的になっている状態、すなわち今でいうところのセクショナリズムを解消するためです。

これは運動会や演芸会のような大々的なイベントでなければ実現しないわけではありません。気軽に楽しめる遊びにも、同じことが期待できます。

詳細は次章でお伝えしますが、〈じゃんけん〉のようなものであってもセクショナリズムが解消され、部署と部署がつながり、親密になります。立場を超えて語り合うことができるようになります。

すなわち、垣根のない会社となり、全員が最高のパフォーマンスを発揮できるようになるのです。

遊びは多様性を受け入れる土壌を育む

遊びがきっかけで、語り合い、つながるようになると、次第にお互いの多様性を受け入れられるようになります。

人は往々にして自分の枠の中で考え、枠の中で他人を判断しようとしますが、「なるほど、あの人はこういう考えでいるんだ」と相手の真意が理解できるようになるのです。

また、相手の知られざる一面を知ることもできます。

ある会社で実際にあった話ですが、定時になるとタイムカードを押して退社する30代の女性がいました。

この数年、残業はせず、飲み会にもほとんど参加しません。そのことに対して、職場の仲間は不満を募らせていました。

ところがある時、社内イベントの1つとしてボウリング大会が開かれました。めずらしく参加した彼女は、自身がそうした働き方をする理由を職場の仲間に打ち明けました。

実は母親が難病で寝たきりの状態になり、退社後、看病しなければならなかったのです。彼女は職場の仲間に心配をかけまいとして、伝えていませんでした。

事実を知った職場の仲間たちは、彼女が置かれている状況に理解・共感を示し、以来、優しく接するようになったといいます。

多様性を受け入れられるようになると、相手の立場でモノを考えたり、他人の心の痛みがわかるようになったりします。共感能力が高まる――これも遊びがもたらす効果といっていいでしょう。

遊びは継続する力を生み出す

仕事と遊びの大きな違いは何でしょう？　遊びの場合、仕事と違って長時間、継続して楽しめることではないでしょうか。

子どもの頃に誰もが経験したであろう、かくれんぼや鬼ごっこ、缶蹴りといった遊びを思い出してください。時間がたつのを忘れるほど夢中になり、ずっと続けられましたよね。ビリヤードやトランプゲーム等も同じです。やはり、楽しみながらずっと続けられますよね。

では、仕事に関係するセミナーや勉強会はどうでしょう。疲れていると、気乗りがしない時もあると思います。

だとしたら、楽しみながらずっと続けられる遊びの特権をフルに生かしてはどうでしょう。これまで述べてきたように、遊びにはいくつもの効果があり、チームの成長に一役も二役も買ってくれるに違いありません。

職場に遊びを取り入れよう

ここまでお読みくださって、どう感じていますか？　「早速やってみよう！」という人。または、こんな風に思う人もいるかもしれません。

理屈はわかった。でも、自分の職場に遊びを取り入れるのなんて不可能だ。

第一、何をして遊んでよいか、わからない。

いくらなんでも、大の大人がかくれんぼや鬼ごっこはないだろ。

そんなことを職場の仲間に提案したら、白い目で見られ、ひんしゅくを買うに違いない。

バーベキュー大会と飲み会は何が違うというんだ!?

休日にキャンプをするのも無理。休日くらいは、みんなゆっくりしたいだろうし、自分の時間や家族と過ごす時間を大切にしたいに決まってる。

こう思ったあなた！　はい、その通りです。

かくれんぼや鬼ごっこを提案したら、白い目で見られるどころか、頭がおかしくなったんじゃないかと思われるかもしれませんよね。また、イメージがつかめないと導入するのは難しいと思います。

でも、です。職場で簡単に、それも数分足らずで、毎日楽しみながら遊べる方法があるとしたら、どうでしょうか。

しかも、それがリアルでもオンラインでもできる方法だとしたら、いかがでしょう？

そこで次章では、実例として家庭でも職場でも簡単にできる〈あうんじゃんけん〉を紹介します。

実例

第6章
〈じゃんけん〉が起こすミラクル

子どもの頃、じゃんけんをした時の気持ちを
思い出してみよう。
じゃんけんは、何の道具もいらず、
すぐに楽しめるゲーム。
そんなじゃんけんには意外な遊び方がある。
人と人が助け合う、チームのメタファーが
隠されているじゃんけん。
勝ち負けじゃない < あうんじゃんけん > を
まずはやってみよう。

1 究極の遊び〈じゃんけん〉

いつでもどこでもできて道具がいらない

前章の最後に、チームをつくるために職場に遊びを取り入れるのに〈じゃんけん〉が効果的だとお伝えしました。

そこで、本章では〈じゃんけん〉を使ったゲームダイアログについてお伝えしていきましょう。

まず、なぜ〈じゃんけん〉なのか？

理由はいたってシンプル。何の道具もいらないからです。

言うまでもないことですが、ゲームを行うとなると、たいていは何かしらの道具が必要になります。トランプならばカード、コイン回しやコイン落としならば硬貨、すごろく遊びならばサイコロ等々。

でも、〈じゃんけん〉をする時は、そうした道具は不要です。元手（お金）もかからない。リアルでもオンラインでも遊べます。準備は不要。どちらか片方の手を使うだけで楽しむことができます。

また、いつでも、どこでもゲームを行えます。ルールもシンプルです。ほとんどの人が一度はやったことがあるゲームです。今、この本を読みながら、隣にいる家族や友人と、すぐ、その場で〈じゃんけん〉できるはずです。

日本人の私たちは、子どもの頃から当たり前のように〈じゃんけん〉をやり続けてきました。そして、〈じゃんけん〉は日本以外の多くの国でも楽しまれています。

そして、これからお伝えする〈あうんじゃんけん〉の本質は、プロローグでお伝えした「アチーバス」という勝ち負けのないボードゲームの考え方がベースにあります。

そのため、アチーバスを体験して得られる仲間と達成する感動や、心が通じ合うよろこびに近い効果が得られるという利点もあるのです。

〈じゃんけん〉は人の心をピュアに戻してくれる

〈じゃんけん〉のルーツは諸説あります。中国から伝来したという説、東アジアから伝来した説などさまざまですが、「グー」(石)、「チョキ」(はさみ)、「パー」(紙)を出すことで勝ち負けを競い合う形になったのは、江戸時代から明治時代にかけてからではないかといわれています。

グッと拳を握るからグー、チョキンとはさみで切るからチョキ、パッと手を広げるからパー、と聞けば、ストンと心に入ってきますよね。

あなたも、幼少期から数えきれないほど〈じゃんけん〉をしてきたと思います。鬼ごっこやかくれんぼをする時、1つだけ余ったお菓子を誰が食べるのかを決める時。そう、〈じゃんけん〉は日常的に行われるもので、多くの人に慣れ親しまれてきたのです。

しかし、大人になるにつれ、〈じゃんけん〉をやる機会は少しずつ減っていき、ビジネスシーンで〈じゃんけん〉をする機会はほとんどないのではないでしょうか。

でも、だからこそ、これを機に〈じゃんけん〉を職場に取り入れたら効果的だと思うのです。

〈じゃんけん〉をすると、子どもの頃のピュアな気持ちに戻れます。ピュアな気持ちに戻れるということは、その人が持っている素の自分、素の気持ちといったものも表れやすくなります。

普段はおとなしくて無口だけど、〈じゃんけん〉をしたら、満面の笑顔ではしゃいでいた、ということもあるかもしれません。

前章で「遊ぶことによって、その仮面が剝がれ、自分を縛りつけているもの、うわべを飾っているものが消え失せ、ありのままの自分が出せるようになる」と述べましたが、〈じゃんけん〉にもそうした効果が期待できるのです。

〈じゃんけん〉の世界観

〈じゃんけん〉にはもう1つ、メタファー（意味づけ）や物語をつくりやすいという特徴があると私は考えています。

〈じゃんけん〉は、グー・チョキ・パーという3つのエッセンスで構成される世界です。

　グー（石）はチョキ（はさみ）よりも強く、チョキ（はさみ）はパー（紙）よりも強く、パー（紙）はグー（石）よりも強い、とされます。

　これは3つのエッセンスの補完関係です。もし、グー・チョキ・パーが全面戦争をしたら、誰が最後に残るのか？　傷つけ合って、誰も残らないかもしれませんよね。

　だから、グー・チョキ・

図6－1　グー・チョキ・パーの意味づけ

グー

・(夢を)受け取る
・自分の思い
・夢・ビジョン

チョキ

・(夢を)分解する
・計画を立てる
・戦略を立てる

パー

・(夢に向かって)行動する
・(夢を)届ける、与える
・(心配や不安を)手放す

パーが助け合うことで世界の調和が維持される、という物語をつくることができます。それぞれが役割を果たすチームワークの本質を、〈じゃんけん〉で展開できるのです。

私は「夢を叶える」というプロセスを〈じゃんけん〉と結びつけ、**図６−１**のようなメタファーをつくってみました。グー・チョキ・パーで夢が叶うというストーリーの誕生です。

また、パーには「行動する」という意味と、「届ける」「与える」という意味をつけることで、夢を叶えるには、あなたの思いを届けること、与えることが大切だ、という前提をつくることもできます。

１人でも〈じゃんけん〉で遊ぶことができる

こうして意味づけをすると、１人でも〈じゃんけん〉で遊ぶことができるようになります。

例えば、あなたが新規プロジェクトのリーダーに任命されたとします。「いきなりのことでビックリ！　何から手をつけていいのやら」……そんな時に、１人〈じゃんけん〉を行ってみるのです。

あまり深く考えないで、心に問いかけて、無意識にグー・チョキ・パーのいずれかを出してみるのです。

もし、グーを出したなら、そのにぎりしめた手の拳の感覚を感じながら、「プロジェクトのメンバーの夢を受け取った。絶対にこのプロジェクトを成功させよう」と思いを集中させ、モチベーションをグンと高めていくことができます。

チョキを出した場合はどうでしょう。はさみでチョキチョキ分解することを想像しながら、「大きな目標を1人で一気には手をつけられない。何をすればよいか？　実行可能なサイズに分解し、計画を立てよう。そしてメンバーと役割分担しよう」と、手のチョキの形から計画づくりという行動にパワーを与えることができます。

パーを出した時は、力を抜いて空中に何かを解き放つ感覚を感じながら「そうだ。考えてばかりいないで、夢に向かって行動しよう。そして、行動するなら相手に与えることをしよう。不安は手放してしまおう」と、思い切って行動することを後押しすることができます。

このように、グー・チョキ・パーのいずれかを出して、手のポーズや身体感覚を感じながら、行動と結びつけてみると、自分の本当の気持ちを感じ取ることができます。

頭だけで行動できない自分を客観視しながら、そこに新しいイメージや感覚をもたらすことで前進につながります。

この話を聞いてどう感じますか？

心と体はつながっています。１人じゃんけんは、自分を動かすこともできるのです。

あなたも、〈じゃんけん〉に自由に意味づけをすることができます。

さあ、あなたはグー・チョキ・パーにどんな意味づけをして、どんな物語をつくりますか？

これはゲームをつくる、という究極の遊びでもあります。

そして、こうした自由な発想をもとに編み出したのが、これから紹介する〈あうんじゃんけん〉なのです。

2 〈あうんじゃんけん〉を楽しもう

〈あうんじゃんけん〉はここが違う

前述したように、普通の〈じゃんけん〉は勝ち負けを競い合うゲームです。

しかし、これから紹介する〈あうんじゃんけん〉には勝ち負けが存在しません。あなたがパーを出して、相手がチョキを出したからといって、あなたが負け、相手が勝ちということはありません。

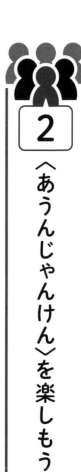

〈あうんじゃんけん〉は、思いの発信力と受信力を高めることでメンバーの直観力とコミュニケーション力、ならびにチーム力（組織力）を育てることを目的としています。

相手が思いを発信したら、あなたがそれを受信する。あなたが思いを発信したら、相手にそれを受信してもらう。言葉を介さずにやりとりする力。それは、テレパシー能力を高める練習になるためテレパシーじゃんけんと言ったりもします。

また、〈あうんじゃんけん〉の〈あうん〉は、阿吽《あうん》からきています。息がぴったりな様を「あうんの呼吸」と言いますよね。これは最高の人間関係やチームの在り方を表現しています。

〈あうんじゃんけん〉は以下の３通りのやり方があります。

①超自然
②呼吸合わせ
③チームワーク

それでは順を追って説明していきましょう。

①あうんじゃんけん「超自然」のやり方

超自然は、何も考えず、心を無にして〈じゃんけん〉をして、自然（無意識）に自分が出したものについて語り合うゲームです。

３～６人くらいで行い、チームのメンバーが10人を超える場合は、何グループかに分けて行うことをおすすめします。

まず、**図6－1**（P188）で示したように、グーは「（夢を）受け取る、夢・ビジョン・思い等」、チョキは「計画を立てる、戦略を立てる等」、パーは「（夢を）届ける、（心配や不安を）手放す等」を表す、といったメタファーをメンバーに伝えます。

これは、１つの世界観をメンバーに提示することになり、じゃんけんへの過去のイメージを少し取り払い、非日常へといざないます。

始める時は、最初に、みんなで一斉に「あうん」と唱えます。この時、あうんの「あ」でパーを、「う」でチョキを、「ん」でグーを出しながら、声を合わせます。そして呼吸を合わせて「じゃんけん ぽん！」と手を出します（**図6－2**）。

これは後述する②呼吸合わせも、③チームワークも同じです。

その後、リーダー、またはファシリテーターは、ゲームの進行・まとめ役として、1人ひとりに対して、なぜグー（またはチョキ、パー）を出したのか、その理由を尋ねていきます。

「力が入って思わずグーを出しました」

「私は最初はいつもチョキを出すって決めているんです」

「メンバーを見ていたらパーを出したくなりました」

最初に伝えたグー・チョキ・パーそれぞれの意味づけから外れていても、

図６－２　あうんじゃんけんのやり方

①一斉に「あうん」と唱えながら、それぞれの言葉に合わせてパー・チョキ・グーを出す

②呼吸を合わせて「じゃんけん ぽん」と手を出す

構いません。

自分が無意識に出した手の形を振り返ることが重要です。ゲームを通じて、忖度《そんたく》なく、素直な気持ちを思わず言ってしまう——それが遊びの醍醐味《だいごみ》です。

これを繰り返していくと、チームにおいて大切な相互理解、第4章で伝えたチームのプロセスでいえば「春」が深まってきます。


「私がグーを出したのは、ビジョンをもう少し明確にする必要があると思ったからかもしれません」

「集客するための戦略を見直したほうがいいと思ったから、チョキを出したのかもしれないなあ」

「1日も早く営業したい。クライアントにプレゼンしたい。その思いが強いからパーを出したのかもしれません」


もしこんな風にメンバーが答えたとしたら、あなたが語ったじゃんけんの世界観が伝わっていることが確認できます。そして、メンバーのノリは最高です。

これは、チームプロセスでいえば「夏」のステージに入っている、と捉えることもできます。

メンバー1人ひとりがこうした振り返りをすることで、互いに目標・ビジョンを共有しているかどうかを確認できるし、各々の考え、すなわち望んでいること、懸念していることなども認識できます。

それをきっかけに、ビジョンに対する違和感や疑問点、コミュニケーションのズレを解消できたなら、チームの「実りの秋」のステージはもうすぐそこです。

②あうんじゃんけん「呼吸合わせ」

「呼吸合わせ」とは、簡単にいうと言葉やヒントを口にせず、全員が同じものを出し合うじゃんけんです。

チームのメンバーが目標やビジョンに対して、どれだけ心を合わせようとしているかを振り返り、協力し合う心を高めることを目的としています。

まず、任意の1人を最初のリーダー（親）に決めます。リーダーは、自分がグー・

チョキ・パーのどれを出すかをあらかじめ心の中で決めておき、それを他の人も出してくれるように念じ、テレパシーを送ります。そして、他の人はリーダーの思いをキャッチするように努め、同じものを予想して〈じゃんけん〉をします。

事前に決めておくべきことは、「何人が同じものを出せたら達成なのか」ということです。

少人数で行うならば全員そろうことがベストです。しかし、大人数になると難しいかもしれないので、例えば「10人中8人以上そろったら達成」とか、「7人中5人以上そろったら達成」といったように、達成条件をあらかじめ決めておきましょう。もしくは、「今日は何人そろったら達成にする?」とメンバーに相談してみてください。

「何人がリーダーと同じものを出せたか」、もしくは「何人が同じものを出したのか」で、リーダーの思いが伝わる状態になっているのか、メンバーは受け取れる状態なのか、チームの呼吸が合っているかどうかを振り返ることができます。だから私は、別名「テレパシーじゃんけん」とも呼んでいます。

「伝えたい」「受け取りたい」と思っていても、合わない時があります。これはお互いが何かすれ違っているのかもしれません。ここを探究すると面白くなってきます。

詳しいことは後述しますが、〈呼吸合わせあうんじゃんけん〉でも、１回じゃんけんするごとに、１人ひとり感想を述べることが大切です。

また、リーダーは固定せず、１回ずつ交代していき、全員にリーダー役が回るようにしましょう。つまり、６人いたら、６回はじゃんけんをすることになります。

人数が多かったり、時間が足りなかったりする場合は、いくつかのグループに分けて行うのも方法です。

③あうんじゃんけん「チームワーク」

「チームワーク」は、全員が違うものを出し合うじゃんけんゲームのことです。チームのメンバーが各々自分の強みを生かして、やるべきことに専念できているかを振り返ることを目的としています。

リーダーはメンバーを観察し、このチームならグー・チョキ・パーは誰が出すのがよいか、心の中で割り当てます。そして、いざやってみた時に、グー・チョキ・パーがまんべんなく出されたかどうか、意図と合っていたかを振り返ります。

「チームワーク」の場合、メンバーの数が3の倍数であれば問題ありませんが、それ以外の人数だと、グー・チョキ・パーのバランスが悪くなります。

そこで、ここでも事前に達成条件を決めておくことが求められます。例えば、次のようにグー・チョキ・パーの配分を決めておくのです。

〔4人でじゃんけんする場合の例〕
グー・チョキ・パーの割合が「2：1：1」になれば達成

〔5人でじゃんけんする場合の例〕
グー・チョキ・パーの割合が「2：2：1」になれば達成

〔7人でじゃんけんする場合の例〕
グー・チョキ・パーの割合が「2：2：3」になれば達成

人数が多かったり、時間が不足したりする場合は、「呼吸合わせ」と同様に、いくつかのグループに分けて行うことをおすすめします。

　また、ゲーム性を出して、事前に定めた目標を達成するまでに行ったじゃんけんの回数に応じて、ランクづけすると、達成までのプロセスで盛り上がります。

　１～３回で達成できたら「偉大なチーム」。４～６回で達成できたら「素晴らしいチーム」。７～９回で達成できたら「平均的なチーム」。10回以上やっても達成できなかったら「ただの集まり」といったように（**図６－３**）。

　じゃんけんを行う回数も、「10回まで」などと決めておくとよいでしょう。

図６－３　〈チームワークあうんじゃんけん〉の達成レベル

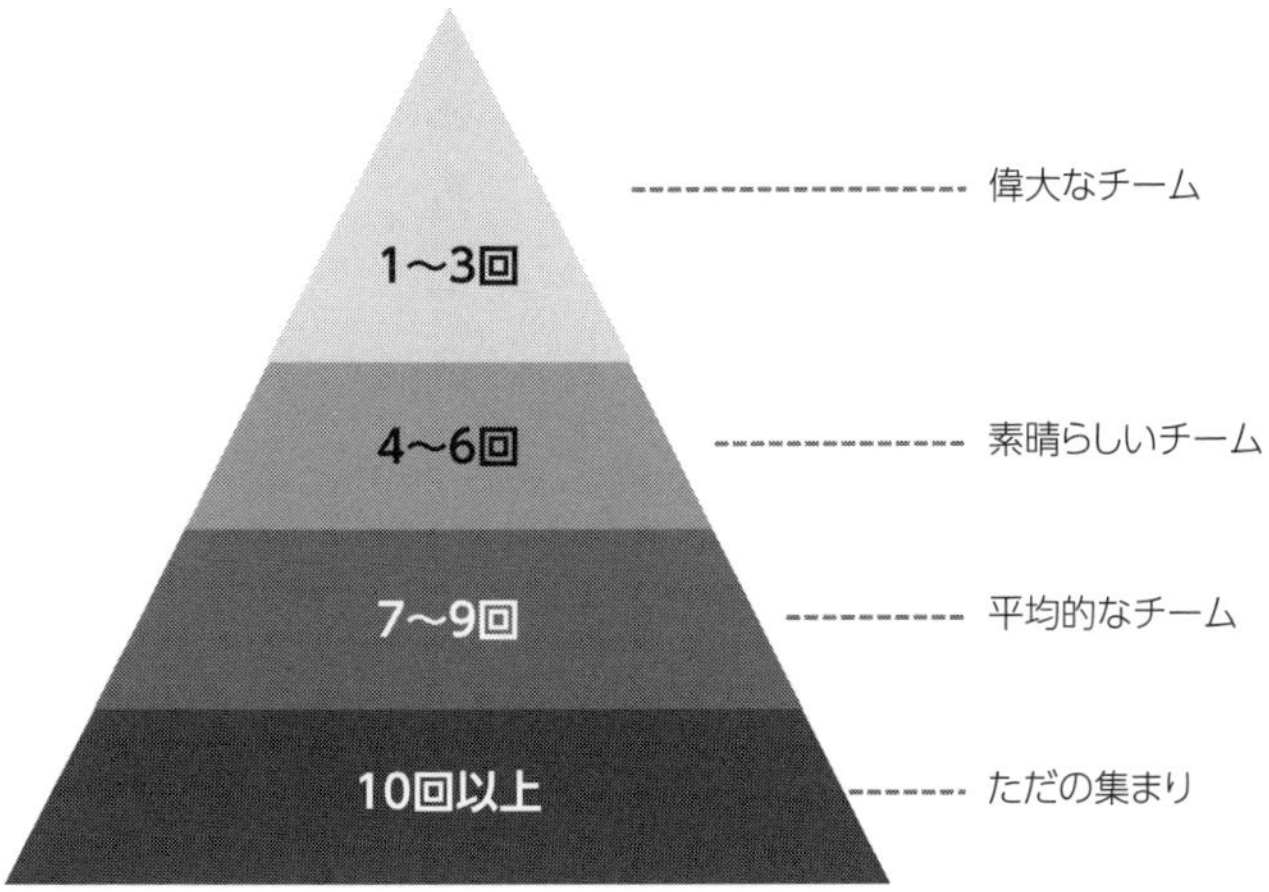

また、1回で達成してしまうと他の人までターンが回ってこないので、全員が思いを発信する・受け取るという体験を大切にするのであれば、チームレベルは慣れてきてからでよいかもしれません。

このあたりの設計は、人数や意識に応じて柔軟に変えて構いません。

〈あうんじゃんけん〉をオンラインでやる場合

今、多くの企業でテレワークが進み、ミーティングなどもオンライン上で行うことが増えました。

そうした事情もあり、たまに「オンライン上でも〈あうんじゃんけん〉を行うことは可能ですか?」といった質問を受けることがあります。

これに対する私の返答は、もちろん「イエス」です。まさに、オンラインでも心がつながる体験をつくりたくて〈あうんじゃんけん〉を開発したのですから。

ただ、リアルでやる場合とオンラインでやる場合とでは、ちょっと勝手が違ってきます。

特に、〈呼吸合わせあうんじゃんけん〉の場合、リアルの場では円になって行います。これは、隣の人にバトンタッチ形式でリーダー役を任せやすいからです。

しかし、オンラインだとそうはいきません。オンライン会議ツールによっては、「隣の人」が誰なのか、わからなくなってしまう可能性があるからです。そのため、オンラインで実施する場合は、あらかじめ順番を決めておくとよいでしょう。

もちろん、オンラインならではのメリットもあります。それは、前掲の「達成レベル」などの図表を瞬時に表示できること。ほかにも、業務連絡などもスライドで表示できるので、リアルの時に口頭で伝えるよりも、メンバーは理解・認識しやすくなります。

なお、〈あうんじゃんけん〉を行う時間は、参加者で相談して決めるとよいでしょう。朝一番でもいいし、忙しければ全員がそろう会議やミーティングの前後や、昼休みなどのちょっとした時間を使って行ってみてくださいね。

チームの状態・状況に応じて目的や時期を明確にすると、仲間を巻き込みやすいかもしれません。

3 〈あうんじゃんけん〉の次はメンバーとの対話

あらかじめテーマを決めておく

以上、〈あうんじゃんけん〉のやり方を説明してきました。さて、大事なのはここからです。

〈あうんじゃんけん〉は、ゲームダイアログです。つまり、ゲームを終えた後のメンバー同士の対話が重要になってきます。

もちろん、単純にコミュニケーションを推進し、お互いを深く知ること（春）を目的に〈あうんじゃんけん〉をするのでも構いません。しかし、次のステップは、メンバーたちの本音（意見）を引き出し、同じ夢をもつ仲間（夏）として動き出すことです。

この対話の時間を有意義なものにするために、対話の前提となるテーマをあらかじめ決めておくとよいでしょう。

例えば、次のようなテーマをあらかじめ設定しておいてほしいのです。

・どうすれば現在のプロジェクトを軌道に乗せられるか
・プロジェクトの役割分担をどう考えるか
・今、チームの課題は何だろう？
・どうすれば売り上げ目標を達成できるか
・A社にプレゼンを通すために大切なことは何か

効果的な声がけ（「呼吸合わせ」の場合）

あらかじめテーマを決め、いざ〈あうんじゃんけん〉を行ったら、次はいよいよ対話の番です。

ここで重要な役割を担うのが、ゲームの進行・まとめ役でもあるファシリテーターです。ぜひ、対話に移行するにあたって、メンバーたちに掛け声をかけてください。

〈呼吸合わせあうんじゃんけん〉でメンバーの息が合い、複数人で手の形がそろったとしましょう。ファシリテーターは、例えば次のような声をかけ、続いてメンバー1人ひとりに、意見・感想を求めるのです。

「今、私たちは呼吸が合っていますね。みんなの気持ちが1つになってきているのを感じます。この勢い、このノリで目標に向かって邁進《まいしん》していきましょう。来週のプレゼンはしっかりと届けて、採用していただきましょう。まず、Aさんはどう考えていますか？（1人ずつ確認していく）」

一方、メンバーの息が合わず、なかなかそろわない時は、次のように声をかけ、1人ひとりに、意見・感想を求めてみましょう。

「今日はなかなかそろいませんでしたね。これを仕事に結びつけると、もしかするとプロジェクトの目的は何なのか、どういうビジョンでプロジェクトを遂行するのか、皆さん、そのあたりが共有できていない可能性があります」

「このプロジェクトのメンバーは共通の目的を持つ仲間です。もう一度、何を成し遂げたいのかを明確にして、言語化しませんか。そのことについて、皆さんはどう思いますか？　まずはAさん、意見を聞かせてもらえますか？（1人ずつ確認していく）」

効果的な声がけ（「チームワーク」の場合）

「チームワークあうんじゃんけん」の場合も同じで、リーダーはゲームを終えた後、メンバーたちに掛け声をかけることが大切です。

例えば、3回で達成できた時は、次のような声をかけ、1人ひとりに、意見・感想を求めるようにしてください。

「今日（今週）は3回目で達成できましたね。私たちは偉大なチームです。これを実際の仕事にも応用し、お互いの強みや役割を生かし合っていきたいと思います。そのために、皆さんは何をやりますか？　まず、Aさんからお願いします（1人ずつ確認していく）」

達成できない時は、次のような声をかけ、メンバーの本音を聞き出してみましょう。

「今日（今週）は何回やっても達成できませんでしたが、こういう時もあります。もしかしたら、誰かに負担がかかりすぎていたり、チームの役割分担がうまく機能していない可能性があります。皆さんはどう感じましたか？　まずAさんから感想をお願いします（1人ずつ確認していく）」

もちろんゲームだけで、現場がすべてわかるわけではありません。また、ゲームは一度やってしまうと慣れたり、攻略に走る人が出てきたりします。

それもその人の性質として、人間理解を深めるきっかけにはなりますが、「こうすればいいんだ」という1人の空気感にのまれて、他のメンバーが自分で発見したり、気づく機会が奪われてしまったりする場合もあります。そして、それがまさに現場で起こっていることである可能性もあります。

ファシリテーターは、そのようなメンバーの行動や与え合う影響を観察しつつ、ゲームのルールを変えたりしながら、メンバーの体験の気づきを材料に使って、個人、そしてチームを前に進ませていくのです。

以上がファシリテーターの役割です。特に以下の３つの観点を押さえておくのがおすすめです。

・メンバーが感じていること（今）
・最高の結果をどのようにイメージしているか（未来）
・これからどう行動するか（行動）

うまくいっても、いかなくてもいい

〈あうんじゃんけん〉は、とても単純なルールですが、だからこそ、とても奥が深いものがあります。

こちらの意図が相手に伝わらなかったり、逆に相手の意図がこちらに伝わらなかったりすることも多く、何回も〈呼吸合わせあうんじゃんけん〉を試みても、なかなか同じものがそろわない時もあると思います。

面白いのは、「合わせよう」とすればするほど合わなくなることが起こる点です。「先週（昨日）は全然達成できなかったのに、今週（今日）は見事に達成できた」ということもあるでしょう。

〈チームワークあうんじゃんけん〉も同じです。一発でみんな違うものを出せるときもあれば、何回トライしても、〝ただの集まり〟から抜け出せないこともあります。

しかし、それでよいのです。「テレパシーが通じない」といって嘆いたり、落ち込んだりする必要はありません。

ゲームですから、合わなかったらやめることができます。合うまでやることだってできます。

それよりも、お互いに「合わせよう！」という心を感じて、そのプロセスの楽しさを実感すること。合わない時にそれを受け入れたり、「どう心を切り替えて次にチャレンジするのか？」を、チームとして体験を通して学んでいくことが大切です。

そこから、「ゲームと同様、現場でも楽しもう」「ゲームでは失敗したけど現場では成功させよう」という気持ちをセットアップすることができるはずです。

うまくいっても、いかなくても、「どうしてそうなったのか？」というプロセスをみんなで思い出し、振り返ると、それはとても学びの深い時間になるのです。

意識していただきたいのは、「ゲームの達成」だけをゴールにしないこと。それよりも自分の思いをメンバーに発信しようとすること。メンバーの思いを自分が受信しようとすること。チームとして成長すること。そこが重要なポイントです。

ゲームだからこそ気軽に取り組めて、なおかつ相手と心を通じ合わせる練習ができる、といった気持ちで臨んでください。

こうした心持ちで、お互いがお互いのことを考えてゲームを楽しめれば、達成できた時は、自然とみんなが笑顔になれるに違いありません。

達成にフォーカスすると、緊張してかえって達成できない。遊びにフォーカスするとリラックスできて、結果的に達成しやすくなる。

これは〈あうんじゃんけん〉を楽しんだある人の印象的な感想です。

4 〈じゃんけん〉が起こす奇跡

〈あうんじゃんけん〉がもたらすもの

〈あうんじゃんけん〉は、初めの頃、ご夫婦を中心に届けていました。そうしたところ、こんな声をいただきました。

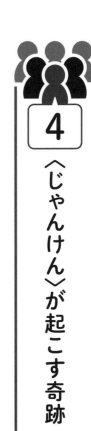

「最初はただのじゃんけんかと思っていたけれど、やってみたら逆にシンプルに物事を考えられるようになった」

「合わなかった時、はじめは変な空気になったけれど、繰り返したら、合わないのに穏やかな気持ちでいられるようになった」

「このゲームをしたことで、リーダーシップにどんな種類があるかという点に気がついた」

「お互いの弱点と欠点を具体化できたから、生活がしやすくなる」

「とにかく合うと信じて出したら合った」

「合って嬉しかったけれど、理由を聞いて残念な気持ちになった。でも役割が違うんだと気づいて納得した」


私は、じゃんけんでここまで深く人と人が理解し合えて、チームをつくっていくヒントを得ることができるという事実に驚きました。

こうした嬉しい報告に自信を深めた私は、その後、〈あうんじゃんけん〉を企業支援の現場でアイスブレイクとして、または相互理解の研修として使い始めるようになったのです。

〈あうんじゃんけん〉でチームはここまで変わる

今でも印象に残っているのは、創業１３０年の伝統を誇るホテルで研修を行った時のことです。

そのホテルでは、設備のリニューアルが決定していたのに、世の中はコロナ禍に突入。先の見通しが読めず、決して明るいムードに包まれているとは言いがたい状態でした。

この先、売り上げがどれだけ期待できるかわからない。そんな状況だからこそ、雰囲気を変えることができるゲームを使ったチームビルディングを提案したのです。

その時は、アチーバスをするには時間が足りませんでした。そこで、短時間でできる〈あうんじゃんけん〉を使って、みんなで対話を重ねながら行動指針をつくることにしました。

リニューアルオープン前の小さな事務所。〈あうんじゃんけん〉を始める前のメンバーは、少し不可解な表情をしていました。

会社の大切な行動指針をつくるというのに、子どもたちがやっているじゃんけんをするのですから、不安に思われたのも当然かもしれません。「ゲームで行動指針がつくれるなら、苦労なんてしないさ」と思ってもおかしくないですよね。

しかし、2日間、計6時間の研修を終えた後、どうなったと思いますか？

素晴らしい行動指針ができ上がっていました。

〈あうんじゃんけん〉をすることで、子ども心に戻れた。今までは言いづらかったことも、口に出しやすくなった。

〈あうんじゃんけん〉で呼吸合わせをすることで、最高の結果を出すために、どう行動するかを語り合うことができた――それによって、全員が納得する形で、新たな行動指針をつくることができたのです。

その時にリーダーが言った言葉が忘れられません。「たかがじゃんけん。されどじゃんけん。こんなふうに呼吸を合わせられることに驚きました」

そして、低迷していた業績も大幅にアップし、世界から愛されるホテルとして活躍されています。これこそ〈じゃんけん〉で始まったチームビルディングといってよいのではないでしょうか。

この話は決して特殊な事例ではありません。ほかにも、コミュニケーションが改善され、チームが生まれ変わったケースはたくさんあります。

〈じゃんけん〉も上手に使えばチームは劇的に変われるのです。

次は、あなたのチームの番ですよ。

5 自分たちで新しい〈じゃんけん〉を編み出そう

新感覚のゲームをつくってみよう

トランプゲームにはいろいろな種類があります。ババ抜き、7並べ、ポーカー、セブンブリッジ、神経衰弱等々。

だから、みんなでトランプゲームを楽しむ時は、1つのゲーム以外にもさまざまなゲームを楽しむことができます。

なぜこんな話をしたのかというと、いろいろなバリエーションを楽しめるのが遊びの特徴だからです。〈じゃんけん〉にも同じことがいえます。本書では3通りの〈あうんじゃんけん〉についてお伝えしました。

でも、これがすべてではありません。あなたも「こんな〈じゃんけん〉も面白いかもしれない」と思いついたら、それをゲームダイアログとして役立てることができます。

あなただけのオリジナル〈じゃんけん〉。それを使ってチームに貢献できたら素晴らしいとは思いませんか？

例えばこんなゲームで楽しもう

ちなみに、もう1つ。私が編み出した〈あうんじゃんけん〉の1つに「スターサバイバー」というものがあります。

これは大人数の時に行うゲームで、やり方はとても簡単です。

①　リーダーはメンバー全員に向かって、じゃんけんで発信する。

②　リーダーと同じものを出したメンバーだけが残る。

例えばリーダーがパーを出したら、同じくパーを出した人だけが残る。

③　リーダーは残っているメンバーにバトンタッチする

④　バトンを受けた人がリーダーになり、①〜③を繰り返す
⑤　何回続けられるか、チャレンジする。

これを何回続けられたかで、チームレベルを決めていきます。

このゲームの醍醐味は、はじめは大人数いても、どんどん参加できるメンバーが減っていくことです。そんな中で何回続けられるかが、チームレベル。それを認識し、みんなで応援し合えるかどうかが鍵となります。

応援できない心があるとしたら、それはなぜでしょうか。どんな要素があれば、チームはひとつになれるのでしょうか？　そんな問いかけを考えるのに活用できます。

ゲームを創造することが最高の遊びです。

あなたもつくってみませんか？　できあがったら、ゲームマップ（P168）に加えてみてください。

それは、あなたのチームにリズムと文化をつくるでしょう。

6 遊びが苦手だ、というあなたへ

いよいよ最後のメッセージまで近づいてきました。
ここまで読み進めて、今、どんなことを感じていますか？

「遊びでチームをつくるって楽しそう！」

こんなふうに思っていただけたら、うれしく思います。

「成功するチームをつくる」イメージは、湧いていますか？
中には、「遊びが苦手だ」「普通のことがしたい」という人もいるでしょう。
実際に、ある企業様で約50名のオンライン研修をした時に、中には「普通のじゃんけんのほうがよかった」という人もいました。

そう、組織には必ず、新しいことやいつもと違ったことに違和感を持ち、安心を脅かされる人もいます。

でも、違和感は違和感のままでよいのです。その人は必要な役割をしてくれています。

大切なのは、多様な人がいると理解すること。そして、声に耳を傾けていくことです。そして、すぐに修正や改善ができるのも、遊びの良さです。

遊びの段階で、誰がどう感じ、どう動くかがわかると、実際に新しいしくみを導入する時には、それに応じたアクションをとることできます。

つまり、遊びはリスクマネジメントにもなるのです。

「ちゃんと遊ばないといけない」と思う必要はありません。

ゲームには形がありますが、遊びには形がありません。いつもと違った工夫を1つしてみる。これも遊びです。そこに、あなたそのものが現れます。

もっと言ってしまえば、あなたが毎日、義務感を持ってやっていることも、本来は遊びです。

なぜならば、それはかつて、あなたが運命を感じて、選んだことだからです。あなたが好奇心を持って、勇気を持ってやってみようと、まるで遊びに出かけるような気持ちで始めた歴史があったはずです。

それを思い出せばよいのです。

あなたは自分で選んで、このチームに入っている。

そして、いつでもチームを成功に導くことができる。

すべてが遊びだったとしたら、あなたは何をしますか？

7 成功するチームは〝遊び〟でつくる

本書で伝えてきたことは、〝遊び〟の持っているパワー、そして、チームを自由自在につくり出せる可能性とその方法です。

それが「ゲームダイアログ」です。

枠の中にいたら見えてこないものが、遊びを通して見えてきます。

じゃんけんにだって、チームを成功させる鍵が隠されているのです。

誰もが心の中に秘めている自発性・リーダーシップに火をつけるのが「遊び」なのです。

そのエネルギーとパワーは想像を超えます。

遊びは純粋な気持ちを思い出させ、みんなで体験を共有し、成功を描くことができます。

だから、あなたが「面白い！」と思ったことを常識で裁かずにやりましょう。

安心して遊び、対話できる場所と時間をつくり、成功するチームを育てていきましょう。

そして、せっかくこの本に出会ったのだから、あなたのチームで一度、〈あうんじゃんけん〉を試してみませんか？

あなたが輝くチームをつくる明日を楽しみにしています。

最後に、17～18世紀にかけて活躍したドイツの哲学者ゴットフリート・ライプニッツの次の言葉をもって、本書の締めくくりとさせていただきます。


人間はゲームをするとき、最大限の能力を発揮する。

※〈あうんじゃんけん〉は、人間関係を改善するシンパシーセッションとして体験したり、それを提供するナビゲーターになることもできます。詳しくはお問い合わせください。

おわりに

私は学生時代、自分自身の夢を叶えたい、と思って生きていました。

自分らしく生き、夢を叶え、それを大切にしてワクワクを生きていく――それを人生の指針としていました。

でも、思い通りにならないことだらけでした。

しかし、1つの哲学と出会って、1人では夢は叶わないことを知りました。

仲間と助け合い、エネルギーを交換することによって、「1＋1＝2」をはるかに超える結果をつくることができる。そもそも人は関係性の中で生きている。1人よがりの成功哲学には限界がある――そのことに気づかされたのです。

そしてたどり着いたのが、チームという考え方でした。

もっとも、はじめのうちは、チームは大変で面倒なもの……というのが本音でした。

なぜなら、みんな違う存在だからです。

そもそも、わかり合うことは難しいし、個人の目標とチームの目標はなかなか一致せず、ズレていくのを感じることが多い。時には個人としての考えを手放すことも必要になってくる……。

私の問題意識はそんなところから芽生えたのです。

そして、そこから「個人も、チームも、共に幸せに成長するには?」という疑問符がつき、「どうすれば、個人も輝かせつつ、チームや組織もイキイキとさせることができるのか?」ということを真剣に考えるようになりました。

その1つの答えが「遊び」だったのです。

成功するチームは「遊び」でつくる。

その本質は、成功に執着しない、失敗も許される自由な遊び心こそ、成功をつくり出す源になり得るということです。この逆説の意味をきっと理解していただけたはずです。

「スイミー」のような魚に例えたり、「幸せ創造企業の樹」のように樹に例えたり、自然にあるものに例えているのは、私が自然が好きで、尊敬しているからです。遊びはもともと自然に近いものです。

ポリヴェーガル理論は神経科学の立場から「遊び」の効果性を教えてくれました。ですから、これを機にビジネスシーン、いや、あなたの人生において、遊びを活用していただけるとうれしいです。

もちろん、遊びですべての問題が解決できるといっているわけではありません。でも、遊び心はすべての物事を前進させるきっかけになります。

人生を楽しみましょう。

今、個人の生き方も多様化しています。

「メンバー1人ひとりを輝かせるからこそチームも成長する」という幸せな成功スパイラルを獲得していただきたいと考えております。

本書を最後まで読んでくださったあなたなら、きっとできます。

最後に、ポリヴェーガル理論についてご教授くださった臨床心理士・公認心理師・

医学博士の吉里恒昭先生に心より感謝を申し上げます。

また、私のために時間をさいて、執筆のサポートをしてくださった出版プロデューサーの倉林秀光さん・桂子さんご夫妻に厚くお礼申し上げます。

また、ここまで活動を続けてこられたのは、全国のアチーバストレーナー、ファミリーシップナビゲーター、春夏秋冬の仲間たちが尽力してくれたおかげです。

そして、いつも支えてくれている妻に心から感謝します。

了

—参考文献—

- 『思考は現実化する』きこ書房　ナポレオン・ヒル著　田中孝顕訳
- 『ティール組織 — マネジメントの常識を覆す次世代型組織の出現』英治出版　フレデリック・ラルー著　鈴木立哉訳　嘉村賢州解説
- 『富や名声なんて何度でも手にできる！ 逆境の成功哲学』すばる舎　稲村徹也著
- 『ホモ・ルーデンス』中公文庫　ヨハン・ホイジンガ著　高橋 英夫訳
- 『宮本武蔵』講談社　吉川英治著
- 『名言：人生を豊かにするために』里文出版　「座右の銘」研究会編
- 稲盛和夫オフィシャルサイト https://www.kyocera.co.jp/inamori/
- O・フレッド・ドナルドソン博士講演会「遊びと動きによって愛に触れる～Play道～」2022年11月5日一般社団法人オリジナル・プレイジャパン開催

― 応援してくれる仲間たち ―

『成功するチームは「遊び」でつくる ～新感覚チームビルディング』に共感して社会を元気にしようとしている仲間たちをご紹介します。

五十音順・敬称略

一言メッセージ「チームを創り育てる時、大切にしたいキーワードは？」	肩書き または 会社名	お名前
信じて、見守る	笑顔人生へのナビゲーター	あさのぶ。
個々の強みを知り活かす	アチーバストレーナー	石川 聖倖
相互理解とウェルビーイング	コーチ エンジェル・アイ	井原 くみ子
1人の天才を超えるのはチームの力	株式会社 NEXIL 代表取締役	内山 大輔
・信じて見守る愛と覚悟 ・「どっちでもいい」というスタンス（心構え／マインドセット）	株式会社 SOHO innovation 代表取締役 一般社団法人しずおか未来企業ゆめ教育協会 代表理事	大石 泰弘
助け合う力	イミュ株式会社 プロモーション企画スタッフ	大勝 弓緒
お互いへの信頼関係	主婦	大住 芳
個性を把握し、活かす土壌作り！	The WAY	オオツキ WAY タイジ
十人十色	ヨガセラピールーム ananta	大貫 真由美
お互いの幸せを喜びあえる「スイミーな組織」づくり	㈱シュウ・カワグチ ㈱メンターリング・アソシエイツ 代表取締役	川口菜旺子
チームの価値観を共有する	片づけドクター	河本 泰典
主体的なコミュニケーション	ヘルメス株式会社 代表取締役 国家資格キャリアコンサルタント	クロイワ 正一
メタドリーム 適材適所	産業カウンセラー 元ナイジェリア大使秘書	相良 優子
全員が正解、いいとこメガネで接する	ゆかいぷらねっと株式会社	堺井 政文
気付きの機会	株式会社 and family	佐々木 将人
☆絆を深める ☆相手を信頼する ☆受け入れること	Princess ☆ Nana 色の先生	佐藤 奈那
弱さを共有して、自分の強みで相手を支える！「愛を超えた愛」	株式会社リ・クリエイション 代表取締役	篠田 真宏
主体的に生きる!!	個性心理学 SA&Freedom 支局 支局長	清水 博美
思いやりとバランス	声楽家・ヴォイストレーナー	白神 晴代
みんなで楽しむ！わくわく感	開運手相デザイナー®	すいづ 久美
し・信用・信頼 あ・愛情 わ・和楽 せ・誠実	有限会社オフィストラスト 代表取締役	竹形 嘉祐
ありのまま	株式会社 三日月とカフェ	橘真 利江
言われて嬉しい言葉を積極的に伝える	フリーアナウンサー	田中 知子
信じ合う美しい繋がり	産業看護 BeWell 代表	田中 直美
笑顔。特にリーダーの笑顔が、メンバーを勇気付けてくれる。	社会保険労務士	玉置 泰弘
承認・尊敬・ワクワクした未来	株式会社 MEGA ホン	千葉 陽平
信頼、安心。	Happycompany	土坂 有加
笑いあえる 失敗したら「ナイス！チャレンジ！！」	旅するサロン 羽流瑠	長井 亜紀子
みんなの言葉を集めて、「私たち」を表すことから始める	いまここプラス 代表	西森 真紀
受容と気づき！	夢を紡ぎ出す男	中川 寛樹
楽しい！成長！貢献！	えひめコーチングプロッサム	中越 こずえ
楽しく真剣に響き合い、私たちの未来を創る	経営企画オフィス WORLD SMILES 代表	花澤 健司
つながる	セルフマインドコーチ	本間 恵
思いやりを大切に！	心に寄り添う先生	村田 典之
相手を深く知ろうとするココロと、遊びゴコロ	Polaris Body Works 代表	林 莉香
内発的動機と創発	一般社団法人ウェルビーイング心理教育アカデミー 共同代表理事	渡邊 義

―著者略歴―

梅村 武史（うめむら たけし）

アチーバスジャパン株式会社 代表取締役
株式会社日本経営理念研究所　研究員

受験勉強中、ナポレオン・ヒルの著書『思考は現実化する』に出会い、E 判定から東京大学に合格。卒業式では代表者の 1 人に選ばれる。

ナポレオン・ヒル財団アジア太平洋本部で脳力開発インストラクターとしてトップの成績をおさめ、年間ベストマネージャー賞を受賞。セミナー講師、コーチとしても活躍。

独立してからは、教育プログラム開発&プロデュースに力を注ぐ。

2012 年にマレーシアにて協力し合う教育ゲーム ACHIEVUS（アチーバス）に出会い、その魅力と可能性を感じ、日本上陸を実現させた。

その後、ゲームの活用と日常実践を教えるアチーバストレーナー【思いやりーダー育成人】を広げ、国内 47 都道府県全県に 1 名以上、合計 400 名、ニューヨークに 5 名を誕生させた。

家庭や学校、企業や婚活など、さまざまな分野において、遊びを活用した教育で“協力し合い、達成する文化”の醸成、幸せ創造企業つくり、新感覚チームビルディング、家族や人間関係を改善するシンパシーセッション、自然に売れちゃう春夏秋冬、“希望の街”つくりを目指し、「地球家族」と「よろこびあう」ビジョンの実現に向けて日々活動している。

成功するチームは「遊び」でつくる
新感覚チームビルディング　〈検印廃止〉

著　者　梅村 武史
発行者　坂本 清隆
発行所　産業能率大学出版部
東京都世田谷区等々力 6-39-15　〒 158-8630
（電 話）03（6432）2536
（FAX）03（6432）2537
（URL）https://www.sannopub.co.jp/
（振替口座）00100-2-112912

2023 年 10 月 30 日　初版 1 刷発行

印刷・製本／渡辺印刷

（落丁・乱丁はお取り替えいたします）　ISBN 978-4-382-15839-9